編著——
恩維，肖勝平

你不重新看寓言
怎麼知道故事有沒有騙你？

小時候讀寓言那叫睡前的床邊故事
現在讀寓言才有活得更好的本事！

目錄

前言

第一章　幸福篇

幸福其實就在眼前……012
孩子，你開錯了窗戶……014
快樂是簡單的……016
快樂不是襯衫……017
放下就是快樂……020
回聲……021
天堂和地獄的區別……023
去問問大象吧……025
其實你很富有……027
上帝也會一再失手……029
多餘的憂慮……031
沒有理由感到遺憾……033
完美的樹葉……034
多疑的烏龜……036
心中的冰點……042
那你就是在罵自己……045
先擦淨自家的窗戶……046
驕傲的橄欖樹……048
不自量力的攀比……051
奪命的讚美……052
乞丐終究是乞丐……053
土地與生命……054
狐狸與老鼠……056
我們都不會……057
用松樹代替荊棘……057

目錄

第二章　財富篇

原來那塊石子是溫暖的……060
不要怕……062
財富和成功……063
唯一的辦法……064
痛心的誤會……066
生命中的大石塊……068
天神的教誨……070
礙腳的袋子……071
請寬容我吧……074
你以為我是白痴啊……077
醉醺醺的木桶……079
狼的重賞……080
真正的美麗……081
開窗的學問……085
盲人的燈籠……087
小鹿與魚乾……088
他為什麼要謝我……089
至少你還年輕……090
倒楣的農夫……091
猶豫的毛驢……092
黃金和石頭的區別……095
最好的消息……097
我們走我們的……100
加更多的鹽豈不更好……100
為了半文錢的債……101
多拿一點……102
浪子回頭金不換……105
我們用了十塊紗布……106
只要有了斧頭……110
倒下去又立刻站起來……112

孩子，我要找的就是你……115
跳蚤已不會跳……118
雞群裡長大的鷹……119
穀倉裡的手錶……120

第二章　事業篇

狗與羚羊的奔跑……124
一頭驢與兩頭驢……126
這裡沒有叫「隨便」的工作……130
不知該射哪一個……131
沒有第二次選擇……134
為什麼不進去看看……135
應該是今天……139
野菜與蔬菜……140
狼的自薦……143
獨臂男孩……145
這是你的房子……146
小偷訓斥曾國藩……149
好，好，好……150
明天吧……152
虔誠的信徒……154
不同命運的犁……157
漲了價的書……160
推銷自己……163
讓貓吃安眠藥……167
他站末尾……170
怕痛的石頭……172
落入井中的驢子……173
雕花弓……174
窮和尚，富和尚……175
只要最上面那層……177
自己拜自己……179

目錄

天下第一畫師……181
公子掌舵……181
狗與狼之戰……182
寶劍的價值……183
獅王用兵……184
驢子當大臣……185
選擇哪種貓……187
曾參殺人……187
煉金術……188
猴子們大發脾氣……190
國王的難題……192
猴子和狼……194

第四章　交友篇

驢交朋友……198
四個好朋友……199
狐狸精交友……202
我背你，你指路……203
刺蝟取暖……204
熊對你說了些什麼……206
猴子看見堅果……208
別說「我們」……210
好心的朋友……211
高貴的馬……213
冷廟……214
漂亮的表妹……218
牧羊人與野山羊……219
牧羊的狼……220
公牛與獅子……222
狼的下場……223
狐狸請客……224
我只想睡覺……225

搖醒他……227
強盜請客……228
我希望……229
結伴的老鼠……231
貪婪的駱駝……232
鹿與葡萄樹……233
了解人不易……235

第五章 愛情篇

愛情魔杖……238
貓頭鷹和鷹聯姻……239
拴住羊的不是麻繩……241
關懷備至的呵護……242
完美的女孩……244
鴿子求婚……245
啤酒花藤……247
缺口的碗與墊腳的石……249
古烈治效應……250
命運之船……252

第六章 處世篇

既然有蜂蜜吃……260
好話有時比良藥更有效……261
他們連繩子也不會做……264
別指望別人幫你保守祕密……267
狗熊與樵夫……268
哄孩子的話……269

目錄

前言

寓言是一種文學作品體裁，其特點為短小精簡、淺顯易懂，深含寓意。許多難以一下說清楚的抽象哲理，可以用短短的寓言解釋得清晰透澈。不過寓言並不是直接敘述哲理，而是透過一個淺顯易懂的故事，用比喻、影射、象徵的藝術手法來表現哲理。因此，也有人說寓言是穿有外衣的真理。

很多人認為寓言是兒童文學，不是青年讀物。其實這種看法有失偏頗。優秀的寓言作品，不但適合任何年齡層的讀者，也適合任何領域的讀者。

本書是編者從古今中外、浩如煙海的寓言海洋中，精心擷取的幾朵美麗的浪花，希望對年輕人能產生智慧的啟迪。本書在編寫過程中，並沒有滿足於僅僅作簡單的彙編作業，而是盡量以一個年輕人的身分和視角對寓言進行了解讀。對內涵相當豐富的寓言進行解讀，可以說「仁者見仁，智者見智」，有一萬個人就有一萬種不同的理解。因此，希望各位青年讀者能在閱讀的同時充分動用自己的思考，讓自己在欣賞寓言的同時，充分領略生活的真諦。

編者

前言

第一章　幸福篇

幸福其實就在眼前

一匹老馬失去了老伴，身邊只有唯一的兒子和自己在一起生活。老馬十分疼愛兒子，把牠帶到一片草地撫養，那裡有流水，有花卉，還有誘人的綠蔭。總之，那裡具備幸福生活所需的一切。

但小馬駒根本不把這種幸福的生活放在眼裡，每天濫啃三葉草，在鮮花遍地的原野上浪費時光，毫無目的地東奔西跑，沒事就沐浴洗澡，沒感到疲勞就睡大頭覺。

這匹又懶又胖的小馬駒對這樣的生活逐漸厭煩了，開始對這片美麗的草地產生反感。牠對父親說：「我的身體最近很不舒服，這片草地不乾淨，傷害了我；這些三葉草沒有香味；這裡的水中帶泥沙；我們在這裡呼吸的空氣刺激了我的肺。除非我們離開這裡，不然我就要死了。」

「我親愛的兒子，既然這攸關你的生命，」牠的父親答道，「那我們就馬上離開這裡。」牠們說完就做——父子倆立刻出發去尋找一個新的家。

小馬駒聽說出去旅行，高興得嘶叫起來，而老馬卻不那麼快樂，只是安靜地走著，在前面領路。牠讓牠的孩子爬上陡峭而荒蕪的高山，那山上沒有牧草，就連一點可以充飢的東西也沒有。

天快黑了，仍然沒有牧草，父子倆只好餓著肚子躺下睡覺。第二天，牠們幾乎餓得筋疲力盡了，即便只能吃到長不高且帶刺的灌木叢，但牠們心裡已感到知足。現在小馬駒不再奔跑了，又過了兩天，牠們幾乎邁了前腿就拖不動後腿了。

老馬心想，現在給牠的教訓已經足夠了，就趁黑把兒子偷偷帶回原來的草地。馬駒一發現嫩草，就急忙地去吃。

「啊！這是多麼絕妙的美味啊！多麼好的綠草呀！」小馬駒高興地跳了起來，「哪裡來的這麼甜這麼嫩的東西？父親，我們不要再往前去找了，也別回家了——讓我們永遠留在這個可愛的地方吧，我們就在這裡安家吧，哪個地方能跟這裡相比呀！」

小馬駒這樣說，而牠的父親也答應了牠的請求。天亮了，小馬駒突然認出了這個地方原來就是幾天前牠離開的那片草地。牠垂下了眼睛，非常羞愧。

老馬溫和地對小馬駒說：「我親愛的孩子，要記住這句格言：幸福其實就在你的眼前。」

熟悉的地方沒風景，僕人的眼裡沒偉人。太多的美好與幸福，往往令沉浸在其中的人們覺察不到。曾經在報上看過一幅名為「福在哪裡」的漫畫，畫上畫著一個大大的

「福」字，一個人站在「福」字的「口」中向外張望，嘴裡問：「福在哪裡？」福在哪裡呢？他真是身在福中不知福啊。

為什麼一定要等到所愛的人離去，人們才會想起他的美好？為什麼一定要父母駕鶴西歸，人們才會想起他們的愛？靜下心來，好好體會一下那些如空氣般環繞在你周圍的幸福吧！

●孩子，你開錯了窗戶

一個小女孩趴在窗臺上，看窗外的人正在埋葬她心愛的小狗，不禁淚流滿面，悲慟不已。

她的祖父見狀，連忙引她到另一個窗戶，讓她欣賞他的玫瑰花園。果然小女孩的愁緒一掃而空，心中頓時明朗。老人托起外孫女的下巴說：「孩子，你開錯了窗戶。」

人生之旅，我們不也是常常開錯「窗」嗎？

不同的窗，為我們打開不同的心情，形成不同的心態。當某一天你很不高興時，再仔細想一想，自己是不是也開錯了窗戶。

看下面這則寓言中，農夫的妻子是多麼的聰明。

有個農夫，他有兩個女兒，大女兒嫁給了一個園丁，小女兒嫁給了一個陶器工人。

有一天，農夫閒著沒事，便對妻子說。

「我想看望兩個女兒了，我要去看看她們究竟和自己的丈夫過得怎麼樣。」

農夫先去看望大女兒。

「妳過得怎麼樣，我的女兒？」他問道。

「一切都很好，我只盼能下場大雨，把我們的園子澆個透，那樣我們的收成將會更好。」女兒回答說。

當天下午，他又去看望嫁給陶器工人的女兒。

「親愛的，妳好嗎？」他問道。

「很好，我的父親，」女兒回答說。「我只希望天氣老是這樣，陽光燦爛，別下雨，不然我們晒的陶坯就會被雨淋壞了。」

農夫回到家後，下雨天為小女兒一家的陶器坯苦惱，天晴時為大女兒一家的園子憂愁。他的妻子見他整天唉聲嘆氣，就對他說：「下雨天你為什麼不為大女兒高興，天晴時你為什麼不為小女兒歡呼呢？」

農夫聽了妻子的話，心中豁然開朗，從此臉上天天都是笑容。

●快樂是簡單的

有一群年輕人到處尋找快樂，但是，遇到的卻是許多煩惱、憂愁和痛苦。

於是他們就向老師蘇格拉底詢問：「快樂到底在哪裡？」

蘇格拉底說：「你們先幫我造一條船吧！」

年輕人就暫時把尋找快樂的事放到一邊，找來造船的工具，用了七七四十九天，鋸倒了一棵又高又大的樹，挖空樹心，忙忙碌碌地造了一條獨木船。

終於，獨木船可以下水了。年輕人把老師請上船，一邊合力划船，一邊齊聲唱起歌來。這時，蘇格拉底便問：「孩子們，你們快樂嗎？」

年輕人齊聲回答：「快樂極了！」

蘇格拉底接著說：「快樂就是這樣，它會在你為一個明確目標忙得無暇顧及其他時，就不知不覺地來到。」

這群年輕人只不過是因為生活的簡單、專注，所以能感覺到充實而快樂！

簡單就是剔除生活中繁複的雜念、拒絕雜事的紛擾；簡單也是專注，叫作「好雪片片，不落別處。」生活中經常聽有人感嘆煩惱多多，到處充滿著不如意；也經常聽到有人總是抱怨無聊，時光難以打發。其實，生活是簡單而且豐富多彩的。痛苦、無聊不過是人們自己的內心而已，跟生活本身無關。所以是否快樂、是否充實就看你怎樣看待生活、發掘生活。如果覺得痛苦、無聊、人生沒有意思，那就是因為不懂得生活中快樂的原因！

快樂是簡單的，它是自釀的美酒，是自己釀給自己品嘗的；它是心靈的狀態，是要用心去體會。簡單地活著，快樂地活著，你會發現尋找快樂原來竟是那樣的簡單，這真是「眾裡尋他千百度，驀然回首，那人卻在燈火闌珊處」。

●快樂不是襯衫

國王得了憂鬱症，已經十年沒有笑過了。隨著病情的加重，奄奄一息的國王花重金從國外請來了一位著名的醫生。這位外國醫生看了一下國王的病情，嚴肅地說：「陛下，只有一樣東西能夠救你！」

國王問：「什麼東西？只要你能救活我，無論你要什麼，我都給你。」

醫生說：「不！我是說，你只要穿著一件快樂的人的襯衫睡上一夜，你的身體就會康復的。」

於是，國王派了兩個大臣去找一個快樂的人，叮囑說如果找到了，就把他的襯衫買回來，哪怕是花重金也在所不惜。

就這樣，兩個大臣首先找到了城裡最富裕的人，問他是不是一個快樂的人。最富裕的人說：「快樂？我難以預料明天我的船會不會遭難？小偷總是圖謀竄到我的家裡來。唉！有了這些煩惱的事，一個人怎麼會快樂呢？」

後來，兩個大臣又找到了權力僅次於國王的宰相家裡，他們問：「你是個快樂的人嗎？」

宰相說：「別傻了！外國有人要侵略我們，惡棍企圖奪我的權，奴僕們希望增加收入，有錢的人又想少繳些稅，你們想，作為一個宰相會是一個快樂的人嗎？」

兩個大臣走遍了整個國家，始終找不到一個快樂的人。他們又疲勞，又悲傷，只得準備回宮了。正在這時，他們看到一個乞丐坐在路旁，生了火，正在用平底鍋煎香腸、煮飯吃，還在得意地唱著歌呢！

兩個大臣對望著：「這個乞丐不就是我們要找的人！」於是上前攀談：「看上去，你很快樂！」

乞丐回答：「當然，我很快樂！」

兩個大臣高興得簡直不敢相信自己的耳朵，連忙異口同聲地說：「朋友，我們想出高價買你的襯衫！」

乞丐大笑起來，然後說：「對不起，先生們！我可是一件襯衫也沒有啊！」

人們每天都在追求快樂，身上卻常常背負著各式各樣的「枷鎖」。成天名韁利鎖纏身，快樂何在？成天你爭我奪，快樂何在？成天心事重重，陰霾不開，快樂何在？成天小肚雞腸，目光如豆，快樂又會何在？

其實，快樂很簡單。它是頓悟之後的豁然；是重負之後的輕鬆；是霧散之後的陽光燦爛；更是人生的哲理與智慧。

有一天，一個朋友慌慌張張地跑來對美國作家愛默生說：「預言家說，就在今晚，世界的末日就要到了！」

愛默生望著他，平靜地回答：「不管世界變得如何，我依舊按照自己的方式過日子。」

愛默生的回答十分耐人尋味，是面對動盪不安的人生之旅最聰明的應對辦法，如果大家都抱著這樣的生活哲學過日子，便能得到真正的快樂。

愛默生的生活態度，表現世人想要的理想生活，不要抱持患得患失之心，否則我們會被焦慮所籠罩，感到人生之旅淨是狂風暴雨，而無風和日麗的美好時光。

假使我們覺得青春已然消逝，生活已了無生趣，那很有可能在沒有享受到好日子以前，心靈便衰老了。

假使我們認為沒有健康的身體便不能悠然生活，那麼小小的痛苦便會讓自己終日惶惑，不知所措。

所以，在人生的旅途上縱使得不到掌聲，我們仍要快活地過日子，體會到生命中無所不在的快樂；即便在面對突如其來的得失，也能以平常心看待。

● 放下就是快樂

有一個富翁背著許多金銀財寶，到遠處去尋找快樂。可是走過了千山萬水，也未能尋找到快樂，於是他沮喪地坐在山道旁。一位樵夫背著一大捆柴草快樂地唱著歌從山上走下來，富翁說：「我是個令人羨慕的富翁。請問，為何沒有快樂呢？」

樵夫放下沉甸甸的柴草，舒心地擦著汗水：「快樂很簡單，放下就是快樂！」富翁頓時開悟：自己背負著那麼重的珠寶，老怕別人搶，總怕別人暗算，整天憂心忡忡，快樂從何而來？於是富翁將珠寶、錢財接濟窮人，專做善事，慈悲為懷。這樣滋潤了他的心靈，他也嘗到了快樂的味道。

「放下就是快樂」是開心果，是一粒解憂丹，是一道歡喜禪。只要你心無罣礙，做什麼都能看得開、放得下，何愁沒有快樂的春鶯在啼鳴，何愁沒有快樂的泉溪在歌唱，何愁沒有快樂的白雲在飄蕩，何愁沒有快樂的鮮花在綻放！

●回聲

一個小男孩受到母親的責備，出於一時的氣憤，就跑出房屋，來到山邊，並對著山谷喊道：「我恨你，我恨你，我恨你。」

接著從山谷傳來回音：「我恨你，我恨你，我恨你。」

這個小男孩很吃驚，百思不得其解。

過了一會，他的氣消了，想起了母親對自己的關懷，心裡很後悔，於是他又對著山谷喊道：「我愛你，我愛你。」

而這次他卻發現，有一個友好的聲音在山谷裡回答：「我愛你，我愛你。」

生命就像回聲，你送出什麼它就送回什麼，你播種什麼就收獲什麼，你給予它什麼就會得到什麼。

你有這樣的體會嗎？這個社會上有一種人，在他看來彷彿所有人都在與他為敵，因此他對待別人也總是兇巴巴的、惡狠狠的，或者從來就不把別人當人，只是當作他人生旅程上的工具。這種人不論他有多大的本事，最終都會遭到人們的唾棄。

人就應該有愛心，友善地對待每一個人，這也正是成功者的人生準則。

何必要多樹立仇敵呢？友善會使你顯得大度、姿態高雅，讓你生活天地無比遼闊。如果別人對不起你，你還以友善待他，以德報怨正是做聰明人的方法。

我們要學會理解人、諒解人，憤怒和暴力只是外在的力度，只有友善才能感發人性的光輝，才能真正深入人的心靈。

心理學中有一條規律：我們對別人所表現出來的態度和行為，別人常會對我們做出同樣方式的反應和回答。

在與人打交道時，我們常常會發現我們自己的待人態度會在別人對我們的態度中反射回來。就如同你站在一面鏡子前，你笑時，鏡子裡的人也會笑；你皺眉，鏡子裡的人也皺眉；你叫喊，鏡子裡的人也對你叫喊。幾乎很少有人了解到這條心理學的規律是多麼的重要。

實際上，如果你事先就確認某人難以應付，你則很可能會用帶有敵意的方式接近他，在心中握緊了你的拳頭去準備戰鬥。當你這樣做時，你其實就是設置了個舞臺讓他去表演，他也就被逼扮演了你為他設計好的角色。而如果你事先認為某個人是友好的，同樣，你就會用友好的方式去待他，在你的感染下，他自然也以友好的方式待你。

請記住你的大多數敵人正是你自己造成的，友善才會使你的朋友遍天下，使你的品格昇華，生命充滿歡樂。

天堂和地獄的區別

有一天，上帝對自己的信徒說：「來，我帶你們去看地獄。」他們進入一個房間，許多人圍著一個正在煮食的大鍋坐著，他們又餓又失望，儘管他們每一個人都有一把湯匙，但是湯匙的柄太長，所以食物沒法送到自己的口裡。

「來，現在我帶你去看看天堂。」上帝又帶著信徒進入另一個房間，這個房間和前一個房間的情景一模一樣，也有一大群人圍著一隻正在煮食的鍋子坐著，不同的是這裡的人看起來快樂又滿足，而他們的湯匙和剛才那一群人的一樣長。

信徒奇怪地問上帝：「為什麼同樣的情景，這個房間的人快樂，那個房間的人卻愁眉不展呢？」

上帝微笑著說：「難道你沒有看到，這個房間的人都因為學會了餵對方而使自己也得到滿足嗎？」

能夠相互幫助、相互關心的人生活在天堂裡，反之則生活在地獄中，這就是人間天堂和地獄的區別。

人只有與他人合作，才能使自己享受到天堂般的快樂，獲得他人幫助的前提是自己必須去幫助他人。

從前，有兩個飢餓的人分別得到了一位長者的恩賜：一根魚竿和一簍鮮活碩大的魚，其中一個人要了一簍魚，另一個人要了一根魚竿，於是他們分道揚鑣了。得到魚的人在原地就用乾柴搭起篝火煮起了魚，他狼吞虎嚥，轉瞬間，還沒有品出鮮魚的肉香，連魚帶湯就被他吃了個精光，不久，他便餓死在空空的魚簍旁。另一個人則提著魚竿繼續忍飢挨餓，一步步艱難地向海邊走去，可當他已經看到不遠處那片蔚藍的海洋時，他渾身的最後一點力氣也使完了，他也只能眼巴巴地帶著無盡的遺憾撒手人間。

又有兩個飢餓的人，他們同樣得到了長者恩賜的一根魚竿和一簍魚。只是他們並沒有各奔東西，而是商定共同去尋找大海。他們每次只煮一條魚。經過長途的跋涉，他們來到了海邊，從此，兩人開始了捕魚為生的日子。幾年後，他們蓋起了房子，有了各自的家庭、子女，有了自己建造的漁船，過上了幸福安康的生活。

上天賦予每個人的才能和智慧都有所不同的，但只有與人合作才能截長補短，只有讓別人獲得幸福，才能使自己的生活也得到幸福。

●去問問大象吧

素有森林之王之稱的獅子來到了天神面前，說：「我很感謝您賜給我如此雄壯威武的體格和如此強大無比的力氣，讓我有足夠的能力統治這整座森林。」

天神聽了，微笑地問：「但這不是你今天來找我的目的吧？看起來你似乎遇到了某事的困擾？」

獅子輕輕吼了一聲，說：「天神，您真是了解我啊！我今天來的確是有事相求。因為儘管我有很大能耐，但是每天雞鳴的時候，我總是會被雞鳴聲給嚇醒。神啊！祈求您，再賜給我一種力量，讓我不再被雞鳴聲給嚇醒吧！」

天神笑道：「你去找大象吧，牠會給你一個滿意的答覆。」

獅子興沖沖地跑到湖邊找大象，還沒見到大象，就聽到大象跺腳所發出的「砰砰」響聲。獅子加速地跑向大象，卻看到大象正氣呼呼地直跺腳。

獅子問大象：「你幹嘛發這麼大的脾氣？」

大象拚命搖晃著大耳朵，吼著：「有隻討厭的小蚊子，總想鑽進我的耳朵裡，害得我都快癢死了。」

獅子離開了大象，心裡暗自想著：「原來體型這麼巨大的大象，還會怕那麼微小的蚊子，那我還有什麼好抱怨呢？畢竟雞鳴也不過一天一次，而蚊子卻是無時無刻都在騷擾著大象。這樣想來，我可比牠幸運多了。」

獅子一邊走，一邊回頭看著仍在跺腳的大象，心想：「天神要我來看看大象的情況，應該就是想告訴我，誰都會遇到麻煩事，而牠並無法幫助所有人。既然如此，那我只好靠自己了！反正以後只要雞鳴時，我就當作雞是在提醒我該起床了，雞鳴聲或許對我還真是有益處呢！」

家家有本難念的經，煩惱的時候，不妨把那把難念的經用音樂的節奏念出來，或許你會發現另一種美。

● 其實你很富有

有一個年輕人，他總是抱怨自己太窮了。

「要是我能有一大筆財富，那該有多好啊！到那個時候，我的生活多快樂呀！」他總是這樣碎念。

有一天，一個老石匠從他家門口路過，聽到這個年輕人的話，就問他：「你抱怨什麼呀？其實，你擁有最大的財富。」

「我還有財富？」年輕人驚訝起來，「我有什麼財富呀？」

「你有一雙眼睛！你只要拿出一隻眼睛，就可以得到你想要的任何東西。」石匠說。

「你在說什麼？」年輕人說，「不論你給我什麼寶貝，我都不會拿眼睛去換的！」

「那好吧，」石匠說，「那就讓我砍掉你的雙手吧，你也可以拿這雙手去換許多黃金！」

「不行！我不會拿自己的手去換黃金的！」年輕人說。

「現在你知道了吧，你是很富有的。」老石匠說，「那麼，你還抱怨些什麼呢？相信我的話吧，年輕人！一個人最大的財富就是他的健康和精力，這是無論用多少錢都買不來的。」

別再哭喪著臉說自己一無所有。坦白地說，你的身價至少值幾百萬元——如果你決定出售自己的話，當你有了這項「庫存」就會完全了解，如果沒有你的允許，在這個世界上就沒有人能使你覺得低下。

一個住在印第安納州的美國婦女收到了一百萬美元，因為有一種藥傷害了她的視力。她曾經服用這種藥物消除臉上的疙瘩，但藥卻進入了眼睛，使她喪失了百分之九十八的視力，你想跟她交換視力嗎？

在美國還有一個婦女獲得一百萬美元的賠償，那是因為在一次飛機失事中，她的背部受到傷害，醫生說她永遠不能再走路。如果你的視力正常而你的背部也堅直的話。你會考慮跟這兩位女士交換嗎？一旦你向她們提出的話，她們一定很樂意跟你交換，並且衷心地感謝你。

難道不是嗎？

蓓蒂．葛萊寶（Betty Grable）曾經是選美皇后，據說她的腿在保險公司保了百萬美元的險。如果你的雙腿能使你走動的話，你是不是會按照蓓蒂．葛萊寶百萬美元的價格出售呢？當然是不會的。

既然你不願以百萬美元換走你的眼睛，換走你的背，換走你的腿，那麼你實際上已經擁有超過三百萬美元了，何況我們才剛剛開始個人價值的計算而已。你現在已經比較喜歡自己了吧，難道不是嗎？

更幸運的是，你獲得財富並不一定需要付出健康，你只要付出自己辛勤的汗水。

●上帝也會一再失手

有天早晨，海斯因屋頂漏的水滴在他臉上而驚醒。他急忙下床，踩到地上才發現地毯全泡在水裡。房東叫他趕緊去租一臺抽水機。

海斯衝下樓，準備開車，車子的四個輪胎不知怎的全都沒氣了，他再跑回樓上打電話，竟遭雷擊，差點一命嗚呼。

等他醒來，再度下樓，車子竟被人偷走了，他知道車子輪胎沒氣、汽油不夠跑不遠，和朋友一起找，總算找到了。

傍晚，他穿好禮服準備出門赴宴，木門因浸水膨脹而卡牢，只好大呼小叫，直到有人趕來將門踢開才得以脫圍。

當他坐進車子，開了不足三公里竟遭遇了車禍，於是被人送進醫院。

所幸他受的傷不嚴重，當天就可以出院回家，他一打開家門，發現天花板落下的灰泥打落了他的鳥籠，裡面的寶貝金絲雀死了，他急忙跑過去，沒想到地毯很滑，摔成了重傷，又再次被送進了醫院。

有記者問海斯：「你如何解釋這一天所發生的事？」他卻輕鬆地回答說：「看來似乎是上帝想整死我，但是卻一再失手。」

生命很短暫，轉瞬即逝。過去的事情已無法更改，而且它已經過去了，根本沒有必要再去懊悔；現在的事能做就趕快去做，不能做就讓別人去做，也不用患得患失；將來的事情還說不定，還要靠你繼續的努力，何必整天憂心忡忡。

幽默的人，人緣好；幽默的人，精力充沛；幽默的人，遇事不慌、沉著冷靜、寬宏大量、健康長壽。幽默樂觀的人跌倒了，自己再爬起來，上帝也拿他沒辦法。

由於人類具有繁複的性格與氣質，因此情緒總隨之陰晴圓缺，變幻莫測。在有生之年若是抑鬱地將生命置於慘淡的氣氛之中，實在是浪費；而以歡笑、明朗來面對憂鬱的情境，在身處困境時也常保笑容，這才是享受生命的做法。

每天早晨，我們總得面對兩種不同生存方式的選擇：是灰暗地背負哀傷，懷抱著「酸葡萄」與「心懷叵測」苟延殘喘，還是捨棄胸中的芥蒂，以熱情、樂天、喜悅來面對每一天的來臨，聰明的你，一定會懂得如何選擇為生之道。幽默，這便是人們總是能洋溢著充沛生命力的最重要的泉源。很多心胸開闊、稟性幽默的人活得更長，抵抗疾病的能力更強，這點或許可以用科學的方法給予解釋：幽默的性格能豐富人生，當然也對各種病害更具有強力的免疫作用。

●多餘的憂慮

一個阿拉伯人為了完成趕駱駝運貨的任務，一路上愁眉苦臉。駱駝問他：「你因為什麼事情而不開心呢？」

阿拉伯人回答：「我在想，如果跋山涉水，你將難以勝任這些旅程啊。」

駱駝問他：「你為什麼要擔心我呢？難道我不是號稱『沙漠之舟』的駱駝嗎？難道是通過沙漠的坦途被封閉了嗎？」

「人無遠慮，必有近憂」。在我們的文化傳統中，好像很鼓勵「杞人式」的憂慮，大至憂國憂民，小至衣食住行，幾乎讓每個人都過度地把現在寶貴的一切都耗費在對未來的憂慮上。事實上，憂慮一點也不能使事物圓滿，反而會使人無法更有效地處理現在的一切，因為憂慮可以說是非理性的，而所憂慮的人和事又多半是無法控制與掌握的。你固然可以永無止境地憂慮，因為思考是做人的根本。你可以憂慮戰爭、經濟與疫情，可是憂慮並不能為你帶來快樂、繁榮或者健康。你畢竟不是超人，無法控制萬事萬物。而且，那些你常常所擔憂的災難真的一旦發生時，並不見得像你想像的那麼可怕。

曾經有位高階職員身患重病，雖然幸運地痊癒了，但他從此擔心被免職，擔心失去自己的地位和一切待遇。他的體重開始下降，經常失眠，飲食無味，他杞人憂天般地覺得，他有責任去擔憂可能發生的不測。擔憂了好幾個月之後，他真地接到了裁員通知，嚴重的失落感使他一下子消瘦許多。可是在三個月後，上司又招回他另就高職，待遇比原先更好，這給了他極大的滿足感，遂以更積極的態度來面對新工作。他因此了解到，原先的一切憂慮顯得是那麼多餘，他的地位非但沒有下滑，自己的精神也沒有崩潰，腦子裡原來擔憂的悲慘景象，結果是以喜劇收場。這位高級職員從這件事中直接學到了憂慮無用也無益，從此便採取不憂慮的生活方式來面對生活了。

其實，把人生的一切看得淡泊一點，視名利為流水，視風光為過客，你便會覺得人世間沒什麼值得讓人憂慮的！當你能夠做到這一點時，你會發現自己多餘的憂慮是多麼的可笑，因為它並不能幫助你更改任何個人意志所能觸及的任何事。當然，也不要把憂慮和未雨綢繆混淆。如果你是對未來有可能發生的為難狀況做準備，那麼將有助於未來，這不是憂慮。籌劃與憂慮的最大區別在於，前者是主動的、理性的，而後者則是被動的、非理性的。

●沒有理由感到遺憾

大衛王和下屬烏利亞的妻子生了一個孩子，但他的行為激怒了上天，於是，天神讓這孩子得了重病。

大衛王為這孩子的病懇求神的寬恕。他開始禁食，到內室裡，白天黑夜都躺在地上。他家中的老臣來到他的身旁，要把他從地上扶起來，他卻怎麼也不肯起來，也不與他們吃飯。

到了第七天，孩子最終死去了。大衛王的臣僕不敢告訴他孩子的死訊，因為他們想：孩子還活著的時候，我們勸說他都不肯聽我們的話，如果現在告訴他孩子死了，他怎麼能不更加憂傷呢？

大衛王見臣僕們彼此低聲說話，就知道孩子死了。於是他問臣僕們說：「孩子死了嗎？」

他們說：「死了！」

這時候，大衛王就從地上起來，沐浴後抹上香膏，又換了衣服，走進天神的宮殿敬拜完畢。然後回宮，吩咐人擺上飯菜，便吃了起來。

臣僕們問：「大衛王啊！你這樣做是什麼意思呢？孩子活著的時候，你不吃不喝，哭泣不已，現在孩子死了，你倒反而起來又吃又喝。」

大衛王說：「孩子還活著的時候，我不吃不喝，哭泣不已，是因為我想到也許天神會憐憫我，不讓我的孩子死去，說不定還有希望。如今孩子都死了，我又怎麼能使死去的孩子回來呢？我又何必繼續禁食哭泣呢？」

如果一切都不可挽回，我們為什麼不能善待自己呢？

盡人事以待天命。努力過、奮鬥過，即使失敗我們也沒有理由感到遺憾，沒有必要感到悲傷。

● 完美的樹葉

一位老和尚想從兩大弟子中選一個做衣鉢傳人。一天，老和尚對兩個徒弟說：「你們出去給我揀一片最完美的樹葉。」兩個弟子遵命而去。

不久，大徒弟回來了，遞給師傅一片樹葉說：「這片樹葉雖然並不完美，但它是我看到的最完美的樹葉。」

二徒弟在外面轉了半天，最終卻空手而歸，他對師傅說：「我看到了很多很多的樹

完美的樹葉

葉，但總也挑不出一片最完美的。」

最後，老和尚把衣鉢傳給了大徒弟。

「揀一片最完美的樹葉」，人們的初衷總是最美好的，但如果不切實際地一味找下去，一味地只想達到十全十美，最終往往是兩手空空。直到有一天，你才會明白：僅僅是為了尋找一片最完美的樹葉，而任憑許多機會失去是多麼的得不償失。世間有許多悲劇，正是因為這些人熱衷於追求不切實際的完美，而忘卻了任何一種的選擇，都可以接近完美。

揀一片最完美的樹葉，需要擁有一份理智，一份思索，一份對自身實力的審視和把握。

生活中沒有那麼多完美的事情，追求完美的人最容易產生的錯誤想法就是任何事情不完美便毫無價值。用這種方式去追求完美，有時會使人陷入困境。

有人說：「完美本無錯，但事事追求完美卻是一件痛苦的事。」就像是沙漠中的海市蜃樓一樣，能讓你看得見，卻追不上。因為這個世界本來就不可能是完美的，過去不是，現在不是，將來也不是，它本來就是以「不完美」的樣式呈現給我們，使得我們不斷地改造，人如果事事追求完美，那無疑是自討苦吃。

譬如說，你是一個完美主義者，那你生活的理想是：吃要山珍海味、穿要綾羅綢緞、住要花園洋房、坐要名貴轎車、妻要國色天香、兒要聰明伶俐、財要富可敵國……光憑你的一雙手，能變得出這麼多的把戲嗎？可想而知，在你追求這些的過程當中，必定是到處碰壁、心為形役、苦不堪言。

相反，如果你是一個知足主義者，那你的理想門檻不會太高：吃營養夠了足矣、穿整齊美觀足矣、住遮風避雨足矣、坐中馬小車足矣、妻中等之姿足矣、兒健康正常足矣、財生活夠用足矣，這樣，你的心絕不會那麼累。

●多疑的烏龜

大烏龜和小烏龜在一起喝酒。大烏龜喝完自己的一瓶後，就對小烏龜說：「你去外面幫我拿一下酒。」

小烏龜剛走兩步，就不走了，回頭說：「你肯定是支走我出去後，要把我的酒喝掉！」

「這怎麼可能？你是在幫助我啊！」

經大烏龜一再保證，小烏龜同意了。

一個小時過去了，大烏龜耐心等著，兩個小時過去了，小烏龜還沒有來。三個小時過去了，小烏龜仍然未見回來。這時，大烏龜想：「小烏龜肯定不會回來了。牠一個人在外面喝酒。怎麼會回來呢？我乾脆把牠的也喝了！」

大烏龜剛端起小烏龜的酒杯，小烏龜就像從天而降地站在大烏龜面前。小烏龜氣沖沖地說：

「我早就知道，你要喝我的酒！」

「你怎麼會知道呢？」大烏龜尷尬而不解地問。

「哼！」小烏龜氣憤地說，「我在門外已經站了三個小時了！」

這就是消極論斷，驗證自我，根據自己的猜疑、臆測，主動尋找支持消極心態的理由和證據。

在現實生活中，這樣的事隨時隨地都在發生，而我們往往不以為意。比如聽說有人打自己的小報告啦，首先就會懷疑某人（消極論斷別人），然後觀察、監視，越看越像（驗證自我），你會發現那個「嫌疑」人說話走路都與以前不同了（實際是自我心態在作祟，是自己的精神、眼光、動作與以前不同了），還會進一步驗證，「當然啦！他昨天與我對面走過，連頭都不敢抬。他在躲我，肯定是做賊心虛了！」而結果往往是自己錯的時候多。

「猜疑之心猶如蝙蝠，牠總是在黑暗中起飛」，歐洲文藝復興時期的偉大詩人但丁就曾此如說道。猜疑之心令人迷惑，亂人心智，甚至有時使你辨不清敵與友的面孔，混淆了是與非的界線，使自己的家庭和事業遭受無端的損害。

人家本來對你懷有好感，或曾經還是好友，你卻以人家的某一句無意識的話、某一細小的無意識的動作或一個眼神，便懷疑別人在破壞你的名聲，在暗中搗你的鬼，在非議你，在說你壞話，從而對他生出偏見，或中斷與他的來往，斷絕與他的友誼。生活中這類例子不勝枚舉，例如，把一對男女的正當交流，猜疑為偷情；也有人把別的女人給自己丈夫的信或者把別的男子給自己妻子的信都疑為情書；如果沒有任何把柄，就疑為精神戀愛等等，不一而足。所以，對愛猜疑的人來說，猜疑往往是造成朋友不多、事業無成的原因之一。有時因一方無法忍受另一方長期的無端猜疑而產生厭惡和煩惱，以致最後決裂的事時常發生。

沒有幾個人願意與一個好猜疑別人的人交往，大家都害怕引出無端的麻煩，大多對他避而遠之。故喜好猜疑者多為孤獨者，而這種孤獨卻不是哲學家高雅的孤獨，而是被很多人視為「小人」而不願與其往來的「孤獨」。那是得不到別人幫助的孤獨，是一種卑賤的孤獨。它會令多疑者處處行路難，其生命的能量無法施展，智力和才華無法展現，當然事業也就很難有所成就。

生性多疑，遇事猶豫不決，經常使這種人陷在進退兩難境地。喜歡猜疑又行動果敢的人是很少有的，很多好猜疑者伴隨著膽怯和畏懼的個性，更加不可救藥，若不克服這種個性缺陷，就只能陷在人生的陷阱中空費歲月了。

天下本無事，庸人自擾之。猜疑常常平白無故地惹出令人費解的事端。好猜疑之人，不止一味心思地去揣測、懷疑別人，而且也會經常捕風捉影般地猜疑自己，就像杞人憂天般地擔憂災難即將臨頭。

疑心病便是這種自我擔憂的毒瘤，例如脈搏少跳了一下，懷疑自己的心臟出問題；稍微有點不舒服，自己的腰有點僵，就害怕得要命；略微有點發燒，就愁眉苦臉。幸而大多數人的這種憂慮都不是長久的，但是真正患疑心病的人，無時不在憂愁自己生病了，他們到處求醫，反覆進行各種身體檢查。雖然檢查結果呈現他們是健康的，但是他們卻不相信這些無病的報告，仍堅持以自己軀體症狀和自我感覺作為患病的證據，這本身就是病態，可悲的是這樣的病人確實不少見。

就像成語「杞人憂天」說的那個古代杞國人，走路總是擔心天會塌下來，星星會掉下來砸在自己的頭上，因此心裡總是忐忑不安，夜晚不敢出門。

某大學曾對三千兩百名男女生進行問卷調查，其中有一個問題是「在生活中，你最害怕什麼？」有兩千八百多名學生回答是：「怕別人在背後議論自己。」如此高的比例，顯示大多數青年總是猜疑別人對自己的看法。其實這反過來講，就是這些青年人在社會交往中又總是對別人有疑心。

有這種猜疑心理的人自然而然地對別人總是抱有不信任態度，認為人都是自私、虛偽的，因而很難有什麼信任度可言。在這種心理的作用下，總以懷疑的眼光看人，對人存有戒心，自己不肯講真話，戴著假面具與人交往。這種心理實際上是不可能交到摯友的，往往會囿於自己製造的灰色眼鏡之中。因此，疑心是交友的大敵，它會使雙方之間經常處於懷疑他人的緊張戒備狀態，自我防範猶恐不及，哪裡還有精力和心思去增進相互了解。

疑心，作為複雜的社會心理，產生的原因是多方面的。首先，大多數人由於其生理氣質在青少年時期沒有得到健全地發展，沒有樂觀通達的處世態度和堅強的自信心理，結果憂心忡忡，一步一步地內向化，也使自己經常處在自我封閉狀態。這種人不知道世上每個人都有自己一個獨立完整的個性世界，哪裡會人人都有閒功夫專門去搬弄別人的是非呢？更何況在當今這種「時間就是金錢」的社會觀念中，誰會閒閒沒事替別人操心呢？

其次是「心私則生疑」，這裡所說的主要是指自我意識太強，對周圍人們的議論比較敏感，擔心別人背後說不利於自己的話，於是便疑神疑鬼的，陷於自我恐懼、過度的自我防衛的錯誤中。渴望尊重和正面的評價，又怕得不到，患得患失，於是產生了無端的猜疑。

大千世界，萬事萬物，錯綜複雜，即使雙方感情或友誼深厚，也難免有時會發生誤解，可錯誤地理解他人的言行，輕信流言蜚語，造成疑心，形成裂痕。

總之，不了解人、不了解世界、缺乏判斷力往往是造成好猜疑、神經過敏、判斷錯誤和發生誤會的主要原因。因此，克服多疑，克服神經過敏的缺陷，就得從走出以自我為中心開始。把自己從內向的趨勢拉轉到外向的趨勢，面向外部世界，面向他人，多交往，多了解，以獲得對人對事物的正確認識和準確判斷。

其實，世界上沒有一個人是不被理解的，也沒有一件事是不被理解的。你如果懷疑某個人、某件事，最簡單的辦法就是去與那個人溝通，坦誠而友好地與他交流自己的看法，獲得真實的認知，從而達到理解，一旦理解了，就不會再掛在心中，不再記恨那一切了。消除誤會的辦法就是面對面的溝通，這比任何旁敲側擊、迂迴了解、道聽途說都有效。

相信別人，相信自己，相信這個世界，走出神經質和絕對化的陰影，這樣你才會擁有輕鬆快樂的心情與和諧完美的人生。

●心中的冰點

美國一家鐵路公司裡有一位調車員名叫尼克，他工作認真負責，待人熱情，不過就是有一個缺點，對自己的人生十分悲觀，常常用否定的眼光去看待這個世界。

有一天，同事們為了趕著幫老闆過生日，都提早下班，急急忙忙地走了。不巧的是，尼克不小心把自己關在了一輛冷藏車裡，無法把門打開。於是他在冰箱裡拚命地敲打著、叫喊著，可是公司除了他之外都走完了，沒有一個人來給他開門。尼克的手都敲得紅腫了，喉嚨也喊得沙啞了，但還是沒有人理睬他，最後他只得絕望地坐在地上喘息。

他心裡想：「冰箱裡的溫度在零下二十度以下，如果再不出去的話，我一定會被凍死的。」他愈想愈覺得可怕，最後只好用顫抖的雙手摸出紙和筆，寫下了遺書。在遺書中，他這樣寫道：「我知道在這麼冷的冰箱裡，我肯定會被凍死的，所以……」

第二天早上，公司的職員陸續來上班了。當他們打開冰箱，赫然發現尼克倒在了地上，他們將尼克送去急救，可是已經沒有了生命跡象。同事們感到十分驚訝，因為冰箱裡的冷凍開關並沒有啟動，而這巨大的冰箱裡也有足夠的氧氣；更令人納悶的是，冰箱本身的溫度一直都是保持在攝氏二十度，尼克竟然會被活活地「凍」死了！

其實，尼克並非死於冰箱的溫度，而是死於他自己心中的冰點，因為他根本不相信，這輛通常不會停止冷凍系統的冷藏車，這一天恰巧因為要維修而未啟動製冷系統。他的「不相信」使他堅信自己一定會被凍死，他已給自己判了死刑，又怎麼能夠活得下去呢？

這種現象在心理學上叫做「消極心理暗示」。悲觀的人往往會自怨自艾而生出病來，嚴重的可能導致死亡；與之相反的叫做「積極心理暗示」，通俗地說就是堅信自己一定可以，對生活充滿希望。不同的心境就會有不同的人生。

二戰期間，一個名叫維克多．弗蘭克（Viktor Emil Frankl）的精神病博士曾經在希特勒的納粹集中營中被關押了很多年，他飽受凌辱，幾乎崩潰，但最後還是成功地挺過來了。

弗蘭克博士也曾經深深地絕望過，因為這裡只有屠殺和血腥，沒有人性，沒有尊嚴。那些持槍的人都是禽獸，他們可以毫不眨眼地屠殺一位母親、兒童或者老人。

他時刻生活在恐懼中，這種每天都要面對死亡的恐懼讓他感到巨大的精神壓力。在集中營裡，每天都有人因此而發瘋，弗蘭克知道，如果不控制好自己的情緒和心境，他也難以逃脫精神失常的厄運。

有一天，弗蘭克隨著長長的隊伍到集中營的工地工作，一路上，他開始胡思亂想：晚上還能不能活著回來？是否還能吃上晚餐？他的鞋帶斷了，還能不能找到一根新的？這些讓他感到非常的厭倦與不安。於是他強迫自己不再想那些倒楣的事，而是想像自己是走在前去演講的路上，他來到了一間寬敞明亮的教室中，精神飽滿地在發表演說。

他的臉上慢慢浮現出了笑容，弗蘭克知道，這是久違的笑容，當他知道自己還會笑的時候，他就知道，他不會死在集中營裡，他會活著走出去。

當從集中營中被釋放出來時，弗蘭克顯得精神很好。他的朋友們都不敢相信，一個人還可以從魔窟裡走出來，更不可思議的就是他的精神還能保持如此年輕。

這就是心境的威力，有時候，一個人的精神可以擊敗許多厄運，但是一旦精神垮了，沒有人能救得了你，從某種意義上說，人不是活在物質裡，而是活在自己的精神裡。

因此，人們被打敗，往往不是因為外在的環境，而是因為自己的心早已被自己打敗，別人給予再多的幫助那也是一種徒勞。

●那你就是在罵自己

一個出家人在旅途中，碰到一個不喜歡他的人，連續好幾天，好長的一段路，那人都用盡各種方法誣衊他。

最後，出家人轉身問那人：「若有人送你一份禮物，但你拒絕接受，那麼這份禮物屬於誰的？」

那人答：「屬於原本送禮的那個人。」

出家人笑著說：「沒錯。若我不接受你的謾罵，那你就是在罵自己。」

那人摸摸腦袋走了。

一九三四十年代，敏於行、訥於言的巴先生，也曾受無聊小報、社會小人的謠言攻擊。巴先生有一句斬釘截鐵的話：「我唯一的態度，就是不理！」因為若起而反擊，「小人」反倒高興了，以為他們編造的謠言影響了當事人。

胡適先生在書中寫道：「我受了十餘年的罵，從來不怨恨罵我的人。有時他們罵的不中肯，我反替他們著急；有時他們罵的太過火，反損罵者自己的人格，我更替他們不安。如果罵我而使罵者有益，便是我間接於他有恩了，我自然很情願挨罵。」

出家人、巴先生、胡適面對他人的辱罵所表現出的平靜、幽默、寬容，不失為排除心理困擾的妙藥良方，非常值得我們年輕人學習。

●先擦淨自家的窗戶

劉太太多年來總是不斷抱怨對面鄰居的太太很懶惰，「那個女人的衣服，永遠洗不乾淨，看，她晾在院子裡的衣服，總是有斑點，我真的不知道，她怎麼會把衣服洗成那個樣子？」

直到有一天，有個明察秋毫的朋友到劉太太家，才發現不是對面太太的衣服沒洗乾淨，而是劉太太家裡的窗戶髒了。細心的朋友拿了一塊抹布，把劉太太家窗戶上的汙漬抹掉，說：「看，這不就乾淨了嗎？」

看到外面的問題，總比看到自己內在的問題容易些；而把錯誤歸咎給別人，也比檢討自己來得容易（檢討自己和責怪自己，又是兩件事了），有些憤世嫉俗的年輕人，遇上有人過得比他好，就想咬對方一口。斜視久了的眼睛看什麼都不順眼，有些人把這類只會咒罵別人，卻從不檢討自己的青年稱為「憤青」。

最近在網路上看到一則新辦公室守則，應該也是一位屬於「憤青」的上班族寫的，全文如下：

苦做實做，做給天看；東混西混，一帆風順。
任勞任怨，永難如願；會捧會現，傑出貢獻。
負責盡職，必遭指難；推託栽贓，宏圖大展。
頻頻建功，打入冷宮；互踢皮球，前途加油。
奉公守法，做牛做馬；逢迎拍馬，升官發達。

他的寫法可能讓不少人覺得「大快人心」。

沒錯，從某種角度講，上班難免會受點委屈，看上司臉色也是必然的事情，但除了洩點恨之外，他所寫的未必都是實情，在過去的某些公司，也許真的有「少做少錯，多做多錯」的現象，但是在現在大環境講求效率，能夠只靠推諉責任拍馬升官的人畢竟有限。

發洩一下沒關係，但如果你一味地認為這個世界上會出頭的都是混蛋，只拿憤世嫉俗來替代反省自己的機會，這對自己的成長則是一大耽誤。

一個背向太陽的人，只會看見自己的陰影，別人此時看你，也只會看見你臉上陰黑的一片。人的眼睛彷彿像傻瓜相機，最怕逆著光照人相了——你的臉龐再美，只要背著光，一定是件失敗的作品啊！

驕傲的橄欖樹

從前有一棵橄欖樹和一株蘆葦，他們互為鄰居。

橄欖樹長得又高又大，密密叢叢的葉子，四季常青，每兩年枝頭便會纍纍果實。蘆葦則長得瘦長而單薄，狹窄的葉子碧綠，開的花一串串的，形似紡錘，看上去既不漂亮也不奇特。

「你在我面前算得了什麼呢？」橄欖樹很傲慢，常常這樣譏笑蘆葦，「我身材高大、強壯，受到人類的尊敬，而你卻那麼瘦弱，無論遇到什麼風，你總是低頭哈腰，彷彿對他們頂禮膜拜似的。我真不明白，你居然有勇氣生長在我的身旁！」

可憐的蘆葦天性害羞，聽了橄欖樹的冷嘲熱諷，從不吭聲，也不氣惱，因為她確實沒有什麼可以引以為豪的。

寒冬的一天，北風狂嘯怒號，發瘋似地搖撼著不屈的橄欖樹，結果，驕傲的橄欖樹

被連根拔起。而蘆葦則機靈得多，她連忙彎下苗條的身材，垂向水面，讓狂風從她上方掠過，而不傷害自己的軀體。

狂風終於停止了，橄欖樹奄奄一息地躺在地上，再也站不起來了。可蘆葦卻又挺直了身子，同以前一樣亭亭玉立。

蘆葦因為懂得在沒有力量抵抗時要低下頭，橄欖樹則為自己的驕傲付出了生命。

人生在世會遇到各式各樣的險境，驕傲自大可能是最可怕的一種。身處險峰卻以為可以高視闊步，只謂天風爽，不見峽谷深。這正是人們驕傲時的典型情境。其實，只要腳下的某塊石頭一鬆動，就有墜入深淵的危險，而那些不可一世的英雄卻全然不覺，兀自陶醉於「一覽眾山小」的壯景豪情中。殊不知正是這種時候，腳下鬆動的石頭是最容易致人於萬丈深淵之中。

古人有「滿招損、謙受益」的箴言，忠告世人要虛懷若谷，對人對事的態度不可驕狂，否則就會使自己處在四面楚歌之中，被世人譏誚和瞧不起。

所有驕傲的人都認為，自己有學位、有能力或有功勞；而謙遜的人卻總是說：我還沒這麼好。驕傲者真的有其驕傲的資本，而謙遜者真的沒這麼好嗎？這真是耐人尋味的問題。

事實上，驕傲者雖然往往有一定的學位，但他驕傲的真正原因絕不是學位，而是無知。同樣，謙遜的真正原因也不是他沒這麼好，而是他的確不比別人差。謙遜與驕傲的原因全在於一個人的總體修養如何，而不在於是否多讀了幾本書、多做了幾件事。

古希臘哲學家蘇格拉底曾說：謙遜是藏於土中甜美的根，所有崇高的美德由此發芽滋長。日本著名的企業家松下幸之助在談人生時用了盲人走路的比喻，他說：「盲人的眼睛雖然看不見，卻很少受傷。反倒是眼睛好的人動不動就跌跤或撞倒東西，這都是自恃眼睛看得見，而疏忽大意所致。盲人走路非常小心，一步步摸索著前進，腳步穩重，精神貫注，像這麼穩重的走路方式，明眼人常常是做不到的。人的一生中，若不希望自己莫名其妙地受傷或挫敗，那麼，盲人走路的方式，就頗值得引為借鑑。」前途莫測，大家最好還是不要太莽撞才好。

謙遜是人們應該恪守的平衡關係，它能使周圍的人在對自己的認同上達到心理上的平衡，讓別人不感到卑下和失落。非但如此，有時還能讓別人感到高貴，感到比其他人強，即產生任何人都希望獲得的所謂優越感。

所以，謙遜的人不但不會受到別人的排斥，甚至會非常容易得到社會和群體吸納和認同。

不自量力的攀比

癩蛤蟆看見公牛走近來吃草，牠下決心要盡最大的力量來比過龐大的公牛。

這隻生性愛嫉妒的癩蛤蟆開始用足狠勁鼓著氣，脹起肚子。

「喂，親愛的青蛙，告訴我，我跟公牛一樣大嗎？」牠問牠的同類道。

同類老老實實地回答：「不，親愛的，差太多了！」

「你再瞧瞧，瞧得仔細點，怎麼樣？我現在鼓得夠大的了吧！」癩蛤蟆又問。

同伴說：「我看還是差了不少。」

「那麼——現在呢？」

「跟先前一模一樣啊。」

癩蛤蟆始終趕不上公牛的龐大，但牠的狂妄企圖卻超過了上天賦予牠所能承受的極限，結果用力太猛，「啪」地脹破了肚皮而一命嗚呼。

不自量力的攀比，這個癩蛤蟆不是第一個，也不是最後一個。

就像你我常見到的那樣，在我們的生活中總是有人不自覺地充當著那只不自量力的癩蛤蟆的角色。

奪命的讚美

有一隻紅鯉魚在暴雨來臨前耐不住悶，縱身躍出池塘的水面，長長地透了一口氣，並在陰沉沉地池塘上方畫下了一道紅色的絕妙的剪影。

入水前，牠聽到從岸上傳來了一句天籟般的讚美：「哇，一條多麼漂亮的紅鯉魚！」紅鯉魚第一次聽到這麼心儀的讚美，激動得連拍了好幾個水花：「真是一件值得高興的事，終於有人懂得欣賞我的美了！」牠的同伴們從來都沒有稱讚過牠。夥伴們的缺乏美感讓紅鯉魚對剛才的讚美更覺可貴，乍逢知己的驚喜充斥著牠的內心：「也許我該認識那個人。」

想到這些，紅鯉魚就在水中猛游了一圈，用盡全力，閃電一般躍出水面，再一次高高地出現在池塘上方。

水外的世界真是很刺激，紅鯉魚有種鯉魚過龍門的成就感，牠一邊享受著風拂過身體的涼爽與愜意，一邊睜大眼睛去搜尋那個一生難得一遇的知音。

但牠只看到了一張鋪天蓋地的網，當那張骯髒的漁網裹住牠美麗的軀體時，牠聽到了那個一模一樣的聲音：「哈，抓到了！」紅鯉魚就這樣永遠告別了生活的池塘。

每個人都希望獲得別人的讚美。自信的人需要這種讚美，自卑的人更是需要。自信的人聽到別人對他的讚美，等於為自己的自信找到有力的證據；自卑的人更需要別人的讚美，以建立自己的信心，但不論自信還是自卑都不可變成自大，一旦變成自大，就會忘乎根本，就會將與事實脫離的讚美都信以為真。這種讚美的迷魂湯就是「毒藥」，它會讓人們在感受到虛幻快樂的同時，影響你辨別真偽的判斷力，使你輕易地落入潛在的危險之中。

●乞丐終究是乞丐

一位年輕人，懷著美麗的憧憬來到大都市，但發現理想與現實的差距太大了，終於身無分文，成為一個沿街流浪的乞丐。他每天總在想，假如我手頭要有五千元就好了。有一天，這個乞丐無意中發現了一隻跑丟的很可愛的小狗，乞丐發現四周沒人，便把狗抱回了他的住處拴了起來。

這隻狗的主人竟然是知名的有錢人，這位富翁丟狗後十分著急，因為這是一隻純正的名犬。於是他就以各種形式發出尋狗啟事：拾到者請速還，即付酬金兩萬元。

第二天，乞丐沿街乞討時，看到這則啟事，便迫不及待地跑回去抱著小狗準備去領那兩萬元酬金，可當他匆匆忙忙地抱著狗路過張貼啟事處時，發現啟事上的酬金已變成了三萬元。原來，大富翁找不到狗，把酬金提高到三萬元。

乞丐似乎不相信自己的眼睛，向前走的腳步突然間停了下來，想了想又轉身將狗抱回去重新拴了起來。第三天，酬金果然又漲了，第四天又漲了，直到第七天，酬金漲到了讓一般人都感到驚訝的數字時，乞丐這才想起跑回去抱狗，然而小狗卻死了。

最終，乞丐還是乞丐。

人生在世，許多美好的東西並不是無緣得到，而是我們的期望值太高。記得某部電影裡面有句臺詞：「期望太大，恐怕騎虎難下。」這句話確實有一定的道理。而今，類似乞丐心理的人不在少數。譬如炒股，誰都知道要低開高拋，卻常常忘了該出手時就出手，漲了還想漲，跌了還望跌，當斷不斷，結果功虧一簣，煮熟的鴨子就那麼飛走了。

● 土地與生命

一個農民想買一塊土地，他打聽到有個地方的人想賣地，於是就趕到了當地，向當地人詢問土地的價格。

當地人說：「只要交十兩銀子，給你一天的時間，從太陽升起的時候算起，直到太陽落下地平線，你能用走多遠，這些地就都歸你了；但是，如果在太陽落下地平線時不能回到起點的話，這些土地你將一寸也得不到。」

農民心裡想：「只要我辛苦一點，多走一些路，就可以圈更大的土地了，這樣的生意實在是太划算了。」於是他就和當地人簽訂了合約。

天剛剛亮，他就邁著大步向前奔走；到了中午，他也顧不得吃乾糧，當回頭時他已經看不見了出發的地方。但是他仍然不停地往前走，心裡在想：「再努力一下，以後就可以多享受一點了。」

他又走了好遠的路，眼看太陽就要落入地平線了，他心裡非常著急，因為太陽落下之前他趕不到起點，這些土地將都不屬於他了，於是他大步往回趕，可是太陽很快就要落到地平線以下了，終於他耗盡了全身的氣力，離起點只剩兩步時倒下了，當他倒下的時候兩隻手剛好觸到起點的那條線。那片土地終於歸他了！但是那又有什麼用呢？因為他已經失去生命了。

的確，人活在世上，必須努力奮鬥；但是，當人為了自己、為了子女、為了有更好的生活而必須不斷地「往前跑」，不斷地「拚命賺錢」時，也必須清楚知道有時該是「往回跑的時候了」！因為家裡的親人不希望看到你在「掙命」，而正眼巴巴地等你回來呢！

●狐狸與老鼠

有一隻狐狸，看見圍牆裡有一株葡萄藤，枝上結滿了誘人的葡萄，狐狸垂涎欲滴，牠四處尋找破口，終於發現圍牆上面有一個小洞，可是洞太小了，牠的身體無法進入。於是，牠在圍牆外絕食六天，餓瘦了自己，終於穿過了小洞，幸福地吃上了葡萄。可是後來牠發現吃得飽飽的身體，竟然讓牠無法鑽回到圍牆外，於是牠只好再絕食六天，再次餓瘦了身體，最終回到圍牆外的狐狸，仍舊是原來的那隻狐狸。

而與狐狸一樣境況的老鼠則沒狐狸那麼幸運，這隻倒楣的老鼠，在飢餓時驚喜地發現主人的米缸蓋未蓋嚴，牠「幸運」地鑽進米缸，敞開肚皮吃得滾壯溜圓。因為肚皮太圓，牠無法從原路出去，第二天，主人打開米缸時，牠甚至連爬動都很笨拙，牠的命運可想而知。

不要太羨慕那些生活過於富足和奢侈的人們，表面上，他們看似很幸福，實際他們也有很多說不出的苦。就如同狐狸吃到了葡萄看似非常幸福，可牠得先絕食六天，這六天可不是一般人都能耐得住的。說到底，是吃到了與沒吃到都是那隻狐狸。人也是如此，享受到與沒享受到都是你自己。

記住，在索取面前要懂得節制，在誘惑面前要懂得拒絕。

我們都不會

兩個人在街上一起發現一本書，他們對這本書歸誰所有的問題爭吵了起來。

第三個人偶然路過，問道：「你們誰會讀這本書？」

「我們都不會。」

「那你們要這本書幹嘛？你們的爭吵使我想起一個寓言：兩個禿子為了一把梳子而打起架來，可是他們倆頭上都沒有頭髮。」

靜下心來，想一想：忙忙碌碌的你，究竟在追求什麼？你是不是也像寓言中的那個禿子，沒有頭髮卻想擁有一把梳子？

用松樹代替荊棘

一株荊棘長在農夫的院子裡，經常刺傷農夫五歲的兒子。農夫發誓要除去荊棘，但無論他採取什麼措施，荊棘總是在來年「春風吹又生」。

農夫為了這件事煩惱不已，決定請教一位年長的老人。

老人告訴農夫，除去荊棘後，馬上在荊棘曾生長的位置種上一棵松樹。

農夫照做了，第二年只見松樹日益茂盛，荊棘再也沒有探出它固執倔犟的頭。

你要想把一叢針葉叢生的荊棘拔除，絕不能讓那塊地空蕩蕩的，要在原地種上一棵好看的松樹，用一物替代另一物。

人生也是如此，我們可以用快樂的事物替代不快樂的東西。就好像是打掃出一間空屋子，為了不讓惡人占據，最好的辦法是讓好人住進去。相同的概念也可以用在我們的思考上：驅除骯髒的念頭，不僅僅是絕不去想它，而且必須讓新東西替代它，培養新興趣；排除失望，僅僅接受失望是不夠的，失去了一個希望，應該用另一個希望來代替，因此，當我們心情不好時，最好的解決辦法是敞開自己心扉，打破沉默，去做任何可以帶給我們快樂的事情，在做其他事情中使我們從受挫折的事情中解放出來。

有一位美國女孩蘇珊在突然被宣判得了癌症時，在復原機會渺茫的消沉之中，決定開始寫一本書來激勵自己與癌症對抗。作為一個動物愛好者，她選擇人與動物作為書的主題。她透過各種方式收集各種動物的故事，這些故事在編成書前她先感動了自己，受到激勵，成為她勇抗癌症惡魔的最大力量。後來，她的書成功出版，成為轟動一時的暢銷書。而她自己在被診斷出癌症十年後，仍然身心健康幸福，甚至比開始治療前還好，她感動於動物的真情而著書，著書的過程又使她憑著動物的真情成功地與癌症對抗，戰勝了癌症帶來的死亡威脅及消沉。

第二章　財富篇

●原來那塊石子是溫暖的

有一個苦苦追求財富的人，得到一個先知的指引：在遙遠東方的海邊上有點金石，它是一塊小小的石子，但能將任何一種金屬變成純金。先知向他解釋說，點金石就在海邊的沙灘上，和成千上萬的與它看起來一模一樣的小石子混在一起，但祕密就在於：真正的點金石摸起來是溫暖，而普通的石子摸起來是冰涼的。

於是這個人變賣了他為數不多的財產，買了簡單的裝備，經過長途跋涉終於到達海邊，並在海邊搭起帳篷，開始檢驗那些石子。

他知道如果他撿起一塊普通的石子，並且摸起來覺得冰涼就將其扔在地上，他有可能會無數次撿到同一塊石子，所以，當他摸到石子冰涼的時候，就將它扔進大海裡，他撿了一整天，卻沒有撿到一塊是點金石。然後他又同樣地撿了兩天、三天、一個星期、一個月、一年、三年，但是他還是沒有找到點金石。然而令人欽佩的是，他堅持不懈繼續這樣撿下去，撿起一塊石子，是涼的，將它扔進海裡；又去撿起另一顆，還是涼的，再把它扔進海裡，又撿起一顆。

有一天傍晚，他撿起了一塊石子，隨即就把它扔進了海裡，當這塊石子在海面濺起水花後迅速沉沒在深海裡時，他才發覺手中尚留下的餘溫——原來那塊石子是溫暖的。

他已經養成把他撿到的所有石子都扔進海裡的習慣，以至於當他撿到真正想要的那一顆石子時，他還是將它扔進了海裡。

其實，在現實生活中，有多少人也同樣已經撿起過這顆「點金石」，觸摸到了這種巨大的力量然而卻沒有認出它！有多少次這樣巨大的力量就握在你手中，而你卻把它習慣性地扔掉了，僅僅因為你沒有認出它！有多少次你目睹別人運用這種巨大的力量在你面前得大展身手，然而，你卻只能後悔沒有看到它，沒看到它可能帶給你的種種益處，沒看到它的無所不能和創造的奇蹟，它可能就是在你腦海中一個稍縱即逝的創意閃現。

成千上萬的人窮其一生的精力努力生活，在生活的每個轉折點上，他們都以為會有一場戰爭，而情況往往最終也確實是這樣。他們預計會有「敵人」，而他們確實遇到了「敵人」，他們預計困難會接踵而至，而事情也恰好就是這樣，對許多沒有能夠認識到這種巨大力量的人來說，事情過去是這樣，將來也會是這樣，成千上萬的人不得已只能繼續過著平淡、普通、痛苦的生活，因為這種轉瞬即逝的巨大力量從他們身邊悄悄溜走了，他們就再也抓不住它了。

許多人在生命不斷前行的時候，可能會一次又一次地身處逆境，他可能會陷入一系列的困難中，他可能不得不和各種麻煩抗爭。不久他便形成了這樣的生活態度：人生是艱難的，人生就是掙扎，生活所發的牌總是跟我過不去。他就會想，既然這樣，做這樣那樣的努力又有什麼用呢？我不可能成為贏家。最終他會灰心喪氣，認為無論自己怎麼做，都不會有什麼好結果。

成千上萬的人都在抱怨自己的命運不濟，厭倦自己的生活以及周圍這個世界的遊戲規則，但他們卻沒有意識到：能帶給自己巨大改變的「點金石」，常常就偽裝在那些看似平常的事情之中。

即使九千九百九十九塊石頭是冰冷的，我們也要用心去感受下一塊——因為，下一塊可能就是點金石！

●不要怕

一個年輕人離開故鄉，去遠方開創自己的一片新天地，少小離家，雲山蒼蒼，心裡難免有幾分惶恐，他動身前的最後一件事是去拜訪家族的族長，請求指點。

老族長正在臨帖練字，他聽說本族有位後生開始踏上人生的旅途，就隨手寫了「不要怕」三個字，然後抬起頭來，望著前來求教的年輕人說：「孩子，人們的祕訣只有六個字，今天先告訴你三個字，夠你半生受用。」

二十多年後，這個從前的年輕人已過中年，有了些成就，也添了很多心事，歸程日短，返鄉情切，他又去拜訪那位族長。

他到了族長家裡，才知道老人家幾年前已經去世。家人取出一個密封的封套來對他說：「這是老先生生前留給你的，他說有一天你會回來。」還鄉的遊子這才想起來，二十多年前他在這裡聽到的只是人生的一半祕訣，拆開封套，裡面赫然又是三個字：「不要悔」。

對了，人生在世，中年以前不要怕，中年以後不要悔，這是經驗的提煉，智慧的濃縮。

●財富和成功

一個婦女開門，看到三位銀鬚白髮飄然的老者坐在她家的門前，婦女與他們互不相識，便上前同他們打招呼說：「你們一定餓了，進屋吃點東西吧。」

「我們不能一起進屋。」老人們說。「那是為什麼？」婦女感到疑惑。一個老人指著一個同伴說：「他名叫財富。」指著另一個同伴說：「他叫成功，我是愛。」他接著說：「你進去和你丈夫商量，看你們家需要我們之中的哪一個。」

婦女把老人們的話告訴了丈夫。丈夫十分驚喜，說：「既然如此，我們就邀請財富老人吧，讓他進來！」妻子不同意，說：「親愛的，為什麼不邀請成功呢？」媳婦插嘴說：「邀請愛進來不是更好嗎？我們全家將會充滿愛。」

「那就聽媳婦的吧！」丈夫對妻子說。婦人出去問三位老人：「你們當中哪位是愛？請進來做客」。

愛老人朝屋裡走去，另外兩位老人也跟在後面。婦女感到驚訝，問財富和成功：「我邀請的是愛，你們怎麼也跟著進來了？」老人們一同回答說：「哪裡有愛，哪裡就有財富和成功！」

愛能為你帶來幸福，愛能消除一切不幸。

●唯一的辦法

有個老人和他的兒子牽著他們的驢到附近的集市上賣。

剛走了不遠，他們看見一群又說又笑的婦女聚在井邊，其中一個喊道：「妳們看見過有這麼傻的人嗎？有驢不騎，卻自己在路上走。」

老人聽了這話，急忙讓他的兒子騎上驢，自己高興地走在他身邊。然而，當他們經

唯一的辦法

過一位老者時，老者說：「現在的人怎麼會是這樣孝敬老人的？兒子騎著驢，而他年老的父親卻得走路！」

聽了這話後，老人只好讓他的兒子下來，自己騎上去。他們這樣走了還沒有幾里路，又碰到一群婦女和孩子。幾個婦女立刻喊起來：「你這懶惰的父親，怎麼能夠自己騎驢，讓那個可憐的兒子在身邊走？他簡直快跟不上了！」

忐忑不安的老人立刻把兒子抱上驢坐到他身旁。這時候，他們來到了集市的城門口。一個問：「老先生，那頭驢是你自己的嗎？」

老人說：「是的。」

那人說：「這種騎法沒人會做得出來，看看你們兩個人有多重，都快要把驢壓垮了。」

老人急忙和兒子一起從驢背上下來，站在地上不知如何是好，想了半天，老人覺得唯一的辦法就是把驢的四條腿捆在一起，兩人用一根棍子把驢抬起來走路。他們花了很大力氣才制伏了驢子，然後抬著牠又上路。過城門旁的橋時，他們可笑的行為惹得人們圍過來哈哈大笑。驢不高興這吵鬧聲，也受不了這種被抬著走的奇怪方式，就掙脫了綁住牠的繩子，翻身掙扎下來，但卻掉進河裡去了。

老人又羞又怒，馬上轉身回家，這時他才終於明白了一個道理：要想讓人人都高興，結果只能誰都不高興，外加失去了自己的驢。

這個寓言聽上去似乎很荒唐，可是在現實生活中我們經常會遇到老人那樣的境遇。如果一個人沒有獨立思考的能力，很容易像老人那樣，別人一開口就會變得驚慌失措，沒有主見。所以說，年輕人學會培養自己獨立思考問題、獨立解決問題的能力，才是立足於世的必然條件。

聽取和尊重別人的意見固然重要，但無論何時都千萬不要人云亦云，更不要亂了方寸而不知所然，做了別人意見的傀儡，否則你不但會在左右搖擺中身心疲憊，失去許多的成功機會，有時甚至還會失去自己。做自己認為對的事，成自己想成的人，無論成敗與否，你都會獲得無與倫比的成就感和自我歸屬感。正如但丁的那句眾所周知的豪言：「走自己的路，讓別人說去吧！」

● 痛心的誤會

早年在阿拉斯加，有一對年輕人結婚了，婚後不久，他的太太因難產而死，留下一個孩子，年輕人忙於工作，因沒有人幫忙看孩子，就訓練一隻狗，那狗聰明聽話，能照

痛心的誤會

顧小孩，還能咬著奶瓶餵奶、照顧孩子。

有一天，主人出遠門去了，讓狗照顧孩子，他到了別的鄉村，因遇大雪，當日不能回來，第二天才趕回家，狗立即聞聲出來迎接主人。他把房門打開一看，到處是血，抬頭一望，床上也是血，孩子不見了，狗卻在身邊，滿口都是血。主人看見這種情形，以為狗獸性發作，把孩子吃掉了，大怒之下，拿起刀向著狗頭一劈，把狗殺死了。

殺死狗之後，主人忽然聽到孩子的聲音，順著哭聲找去，終於在床下找到了孩子，抱起孩子，發現孩子身上有血，但並未受傷，他覺得奇怪，不知究竟是怎麼一回事，再細看躺在血泊中的狗，腿上的肉沒有了，而床下有一隻斷了氣的狼，嘴裡還銜著狗的腿肉。狗救了小主人，卻被主人誤殺了，這真是天下最令人痛心的誤會。

誤會，往往是在人們不了解情況，缺乏理智，缺少耐心，不假思考，未能多方體諒對方、反省自己，感情極為衝動的情況下發生的。形成誤會之始，人們常常習慣指責對方過錯，這樣誤會就越陷越深，最後發展到不可收拾的地步，人對畫責的動物產生誤會，尚會有如此可怕嚴重的後果，而人與人之間的誤會，其後果則更是不可想像的。

一個屠夫經常誤會他人，遭人嫌棄，於是他請求神賜給他一雙看清真相的慧眼。神告訴屠夫說：「你如果遇到疑難的事情，且不要急於處理，隨便行動，可先前行七步，然後再退後七步，重複進退三次，那慧眼便來了。」這個人聽了將信將疑。

夜裡屠夫回到家裡，朦朧中看到妻子和別人同睡在一張床上。他懷疑妻子對自己不忠，一時氣憤，他便拔出刀來準備行兇，忽然一轉念：「且慢，白天學來的慧眼為什麼不試試看呢？」

於是前進七步，後退七步，這樣進退了三次，然後挑亮燈光看時，妻子身旁的老母親醒了，翻身坐起。屠夫這才看得明白，便低頭嘆息道：「這真是可貴的慧眼啊！」

凡事應慎思而後定，這是做人做事的至大智慧。心理學認為，人們發脾氣，意氣用事，往往是感情衝破理智的大門造成的，凡事都該三思而後行，否則一旦失去理智，一時衝動造成的傷害將是無法彌補的。

● 生命中的大石塊

有一天，時間管理專家為商學院的學生講課，他在現場做了示範，讓學生們留下了一生難以磨滅的印象。

站在那些高智商的學生面前，他說：「我們來做個小測驗。」只見他拿出一個廣口瓶放在面前的桌上，隨後，他取出一堆鴿子蛋大小的鵝卵石，仔細地一塊塊放進玻璃瓶裡。直到卵石高出瓶口，再也放不下了，他問道：「瓶子滿了嗎？」所有學生回答：「滿了。」時間管理專家反問：「真的？」他伸手從桌下拿出一桶黃豆大小的礫石，倒了一些進去，並敲擊玻璃瓶壁使礫石填滿下面石塊的間隙。「現在瓶子滿了嗎？」他第二次問道，但這一次學生有些猶疑：「可能還沒有。」有人這樣回答。「很好！」專家說。他伸手從桌下拿出一桶沙，開始慢慢倒進玻璃瓶。沙子充滿了卵石和礫石的所有間隙。他又一次問學生：「瓶子滿了嗎？」「沒滿！」學生們大聲說。他再一次說：「很好。」然後他拿過一壺水倒進玻璃瓶直到水面與瓶口平。他抬起頭看著學生問道：「這個例子說明了什麼呢？」一個心急的學生舉手發言：「它告訴我們，無論你的時間表多麼緊湊，如果你確實努力，你可以做更多的事！」

「不！」，時間管理專家說，「那不是它真正的意思。這個例子告訴我們，如果你不是先放大石塊，那你就再也不能把大石塊放進瓶子裡了。」

那麼，年輕的朋友，什麼是你生命中的大石塊呢？是與你的另一半共度時光？是你的信仰、教育、夢想或是教育指導其他人？切記先去處理那些「大石塊」，否則，越到後面越難以做到。

●天神的教誨

一位哲學家在海邊目睹一條渡船遇難，船上的水手和乘客全被淹死了。他心中痛罵上蒼不講理，因為一位被押解的罪犯正好乘坐這條船，竟然讓眾多的無辜者受害。正當他沉迷於這種思想的時候，他發覺自己被一大群螞蟻圍住，原來他站的位置距離螞蟻窩不遠。這時，有一隻螞蟻爬到他身上並咬了他一口，他立刻用腳踩死所有的螞蟻，這時天神現身，用拐杖敲著哲學家說：「既然你都以類似上蒼的方式去對待那些可憐的螞蟻，難道你還有資格去批判上蒼的作為嗎？」

「己所不欲，勿施於人。」聽過這句話的人不少，真正能做到的卻不多，因為人們大多容易發現別人臉上的汙垢卻看不見自己臉上的汙垢。

因此，在指責與埋怨他人時，請先捫心自問：你自己究竟做得如何。另外別忘了，當你的食指指著別人的鼻子時，你的中指、無名指和小指也正指著自己，這正是上蒼的安排。

●礙腳的袋子

古希臘神話中有一位大英雄叫海格里斯，有一天他走在坎坷不平的山路上，發現腳邊有個長得像袋子東西很礙腳，海格里斯踩了那東西一腳，誰知那東西不但沒被踩破，反而膨脹迅速起來，海格里斯惱羞成怒，舉起一根粗大的木棒砸它，那東西竟然長大到把路都堵死了。正在這時，山中走出一位聖人，對海格里斯說：「朋友，別動它，忘了它，離開它遠去吧！它叫仇恨袋，你不犯它，它便小如初；你侵犯它，它就會膨脹起來，擋住你的路，與你敵對到底！」

人在社會上生存，難免與別人產生摩擦、誤會甚至仇恨，但別忘了在自己的仇恨袋裡裝滿寬容，那樣你們就會少一分阻礙，多一分成功的機遇。否則，你將會永遠被擋在通往成功的道路上，直至被打倒。

《百喻經》中有一則故事：

有一個人心中總是很不快樂，因為他非常仇恨一個人，所以每天都以嗔怒的心，想盡辦法欲置對方於死地。

為了一解心頭之恨，他向巫師請教：「大師，怎樣才能解我的心頭之恨？如果催符念咒可以損害仇恨的人，我願意不惜一切代價學會它！」

巫師告訴他：「這個咒語會很靈，你想要傷害什麼人，念它你就可以傷到他；但是在傷害別人之前，首先傷害到的是你自己。你還願意學嗎？」

就算巫師這麼說，一腔仇恨的他還是十分願意，他說：「只要對方能受盡折磨，不管我受到什麼報應都沒有關係，大不了大家同歸於盡！」

為了傷害別人，不惜先傷害自己，這是怎樣的愚蠢？然而現實生活中，這樣的仇恨天天在上演，隨處可見這種「此恨綿綿無絕期」的自縛心結。仇恨就像債務一樣，你恨別人時，就等於自己欠下了一筆債；如果心裡的仇恨越多，活在這世上的你就永遠不會再有快樂的一天。

一念嗔心起仇恨，就會讓人陷入愚痴，如同自己拿著繩子捆住自己，不得自由，而且會越勒越緊。

「冤仇宜解不宜結。」只有發自內心的慈悲，才能徹底解除冤結，這是脫離仇恨煉獄最有效的方法。

某書中曾轉述了一九四四年蘇聯婦女們對待德國戰俘的場景。

這些婦女中的每一個人都是戰爭的受害者，或者是父親，或者是丈夫，或者是兄弟，或者是兒子在戰爭中被德軍殺害了。

戰爭結束後押送德國戰俘，蘇聯士兵和警察們竭盡全力阻擋著她們，生怕她們控制不住自己的衝動，找這些戰俘報仇。然而當一個老婦人把一塊黑麵包不好意思地塞到一個疲憊不堪的、兩條腿勉強支撐得住的俘虜的衣袋裡時，整個氣氛改變了，婦女們從四面八方一齊擁向俘虜，把麵包、香菸等等各種東西塞給這些戰俘。

敘述這個故事的葉夫圖申科（Yevgeny Aleksandrovich Yevtushenko）說了一句令人深思的話：「這些人已經不是敵人了，這些人已經是人了。」

這句話道出了人類面對苦難時所能表現出來的最善良、最偉大的生命關懷與慈悲，這些已經讓人們遠遠超越了仇恨的煉獄。

如果一個人心中時時懷著仇恨，這仇恨就會像海格利斯遇到的仇恨袋一樣，一次次地放大，一次次地膨脹，終有一天它會隱藏你內心的澄明，擾亂你步履的穩健。所以，請記住這個原則：相信上帝的人應該在生活中展現他們的信仰，而不信上帝的人則應本著愛與正義的原則而活著。只有這樣，我們才能遠離仇恨、超越仇恨！

年輕人要想有所作為，就應該用更多的時間投入到富有熱情的工作當中，如果因為自己受到傷害而仇恨別人，那不但會傷害自己，反而會因不健康的心理妨礙自己的事業。因為，心中含恨的人比被恨的人更傷身心，不肯原諒別人遠比你憤怒的對象傷你更深。當我們滿懷仇恨時，我們就等於給了對方力量，你的仇恨不但會影響你的血壓、食慾、睡眠，也會破壞你的健康和快樂，甚至扭曲你的個性和人格。

不肯原諒的結果，受到傷害最大的還是自己。唯有寬容，才能從那些傷害你的人身上奪回自己的力量。一位大師曾這樣說：「假如你想提一袋垃圾給對方，是誰一路上聞著垃圾的臭味？是你，不是嗎？」大師說，「緊握著憤恨不放，就像是自己扛著臭垃圾，卻期望熏死別人一樣，這不是很可笑的嗎？」

●請寬容我吧

很久以前，有一個人欠了另一個人一百兩銀子。當債主來討債的時候，這個人完全償還不起，錢也沒有，物也沒有。於是，這個大債主就要求欠債人把他和他的妻子兒女，以及其他家產，全都賣了還他的債。

欠債人無可奈何，只有俯伏在地，哀求大債主，他說：「主人啊！請寬容我吧！我對天發誓，欠的債我將來一定要想辦法還清，寬容我吧，我絕不會賴帳的。」

大債主看他那副可憐巴巴的樣子，就動了仁慈之心，把他放了，並且免了他所欠的一切債務。

那欠債人出來到街上，突然遇見了他的朋友，這個朋友欠他十兩銀子，他是個小債主，他一看見欠錢的人，立即上前抓著他，掐住他的喉嚨，吼叫著：「快把你欠我的十兩銀子還給我。」

他的朋友就俯伏在地上央求他，說：「請寬容我吧，將來我一定如數還清欠你的銀子，一分也不會少。」

可是這個小債主完全不領情，忘記了那個大債主剛才寬容了他，竟不顧一切地把他的這位欠帳的朋友送到監獄裡，一直到還清了他的債，才放過他。

他周圍的人都看不慣他的所作所為，對他的行為很氣憤，親朋們也對此很擔憂。後來，有人把這件事告訴了那個大債主。於是，那個大債主就把這人叫過來，對他說：「你這可惡的人，你哀求我的時候，我寬容了你，把你所欠的債務全部都免了；可你為什麼不能像我憐恤你一樣，憐恤你的朋友呢？」

這位大債主對他很憤怒，也同樣把他送到監獄裡，等到他還清了所欠的債務後才放他出來。

古人云：金無足赤，人無完人。寬容是一劑良藥，能醫治人心靈深處不可名狀的跳動，滋生永恆的人性之美。我們不僅要寬容朋友、家人，還要寬容我們的敵人、對手。

在非原則性的問題上，以大局為重，就會體會到退一步海闊天空的喜悅；化干戈為玉帛的喜悅；人與人之間相互理解的喜悅。要知道你並非躑躅單行，在這個世界裡，雖然人們各自走著自己的生命之路，但是紛紛攘攘中難免有些碰撞。如果錙銖必較，自己也別想得到他人的寬容與善待。

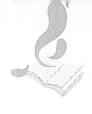

還有一則故事：一位婦人與鄰居發生了糾紛，鄰居為了報復她，趁黑夜偷偷地放了一個花圈在她家的門前。第二天清晨，當婦人打開房門的時候，她深深地震驚了。她並不是感到氣憤，而是感到仇恨的可怕。是啊，多麼可怕的仇恨，它竟然衍生出如此惡毒的詛咒！竟然想置人於死地而後快！婦人在深思之後，決定用寬恕去化解仇恨。

於是，她拿著家裡種的一盆漂亮的花，也是趁夜放在了鄰居家的門口。又一個清晨到來了，鄰居剛打開房門，一絲清香撲面而來，婦人正站在自家門前向她善意地微笑著，鄰居也笑了。

一場糾紛就這樣煙消雲散了，她們和好如初。

寬容他人，除了不讓他人的過錯來折磨自己外，還處處顯示著你的淳樸、大度與風采，在這塊土地上，你將永遠是勝利者。只有寬容才能癒合不愉快的創傷，只有寬容才能消除人為的緊張。學會寬容，意味著你不會再心存芥蒂，從而擁有一份流暢與一份瀟灑，在生活中我們難免與人發生摩擦和矛盾，其實這些並不可怕，可怕的是我們常常不願去化解它，而是讓摩擦和矛盾越積越深，甚至不惜彼此傷害，使事情發展到不可收拾的地步。用寬容的心去體諒他人，真誠地把微笑寫在臉上，也是在善待我們自己，當我們以平實真摯、純淨的心去寬待對方時，心與心之間便架起溝通的橋梁，這樣我們也會獲得了寬待，獲得了快樂。

所以說，寬容別人就是善待自己，這是生活中極其樸實的道理，只可惜並不是每個人都能領悟到。學會寬容，是年輕人需要學習的一門藝術。

●你以為我是白痴啊

明朝時，一個姓丁的舉人要出外去做官。他的朋友李龜來看他，並對他說：「你要出去做官了，一定要學著忍耐。」

丁舉人唯唯稱是。

接著，李龜又對他說：「你要出去做官了，一定要學著忍耐。」

丁舉人還是連應諾諾。

過了不多久，李龜又對他說：「你要出去做官，一定要學著忍耐。」

丁舉人這下不高興了，道：『那麼簡單的一句話，你嘮嘮叨叨講個沒完，你以為我是白痴呀！』

李龜理直氣壯地教訓他說：「我才說了三遍，你就受不了，還說什麼會忍耐！」

中國人是最能夠「忍」的民族之一，由「忍」這個字，就能看到造字者對忍的態度。綜觀歷史，有很多可以借鑑的鏡子。許多偉人都有超人的忍耐力，如孫臏曾忍斷足之痛，韓信曾忍胯下之屈，勾踐曾忍嘗糞之辱，正因為他們能忍，日後才能雪恥復仇，成就不朽的偉業，可知忍這個字有多麼重要。

其實，忍一時風平浪靜，讓一步海闊天空。天地之間，紛繁複雜，熙攘眾生，千姿百態，人們既然生活在社會中，就不可避免地要與其他個體或事物產生千絲萬縷的關係，但任何事物都是有所制約的，人在社會中同樣不能夠隨心所欲，無拘無束，所以當我們與外界發生衝突時，如何運用我們的智慧和韜略才能「化干戈為玉帛」，從容不迫地走向成功的人生呢？那就是抱持超然的心態，秉承寧靜淡泊、處變不驚的氣質，去面對人生的榮辱成敗、利害得失。

忍，是將刀架在心上的考驗；讓，是為人處世的潤滑劑。忍讓既是交際應酬的訣竅，也是修身自省德性的陶冶。

忍讓顯示著內心充實、無所私慾、無所畏懼的力量；忍讓還是謙虛的美德，是強者才具有的精神狀態，是智者的胸懷；忍讓更是崇高的思想與高尚的境界。

●醉醺醺的木桶

子鑑家裡有一個大木桶，嶄新的，高高大大的。子鑑用這個木桶在小溪邊打滿水挑回家。水清得能照見影子，還帶有一股淡淡的木頭的清香。

鄰居們都知道子鑑有個好木桶，常常來借，子鑑很樂意借出去，他顯然為這個木桶驕傲。

有一次，一位賣酒的商人來借木桶。這個商人是子鑑的好朋友，講好了要用三天。子鑑笑著說：「拿去吧，沒關係的。最近幾天我不用。」

商人朋友很講信用，三天之後就把木桶還了回來。木桶還是那麼新，上面的桶蓋還是蓋得那麼密，別說是裝水，就是裝空氣，也保證不會漏不出來。

過了幾天，子鑑用它去運水，但糟糕的是，木桶裡酒味快要讓人酒醉！

原來，商人朋友用這個木桶去裝酒！整整三天，酒已經把桶壁浸透，現在打開桶蓋，大吸一口氣，酒味就會把人醺醉的。

這下可糟透了，子鑑用桶子運水，結果水裡有酒味；用它裝麵粉，做出來的麵包醺人鼻子；用它盛稻米，煮飯時滿條街都是酒氣，惹得酒鬼猛吸著空氣找上門來，鬧著要酒喝。

子鑑氣到不行，他用開水燙，用風吹，用火烤，甚至用刨子刨去一層內壁，處理了一年都無濟於事。

最後，子鑑嘆了一口氣，說：「桶就跟人一樣啊，只要沾上了壞毛病，就算是完蛋了！」說完，他把這只醉醺醺的木桶丟進了垃圾堆。

一個人變壞容易，變好卻難。年輕人如同一隻純潔的木桶，千萬不要讓汙濁的東西汙染了自己。

●狼的重賞

一隻狼的喉嚨被骨頭卡住了，牠十分難受，於是便允諾：如果誰能把骨頭從牠的喉嚨掏出來，就重金酬謝。

一隻長嘴的鶴知道這個消息後，毫不猶豫地把腦袋伸進狼的嘴裡幫狼取骨頭。當這只鶴把骨頭取出來，向狼索要酬金的時候，狼卻磨著牙齒冷笑著說：「哼！讓你的腦袋從我的嘴裡安然無恙地抽出來，這已經是最大的報酬了。」

重賞之下，必有勇夫。看來金錢的誘惑的確很大，以至於鶴竟敢把腦袋伸進狼的嘴裡去謀利，真是捨命不捨財！仔細算來，這又的確是一筆划不來的買賣，儘管對方出了「重金」，然而本錢卻是拿自己的生命來下注，未免太虧。正如狼所言，能夠全身而退，已經是很幸運的了，下一次，「狼」的嘴裡就不一定有骨頭了。而生活中這樣的圈套不得不防，否則就會落得身敗名裂、屍骨無存！

「誘惑」——魔鬼常用的邪惡手段，它毀滅了多少人的希望和夢想，金錢、美女、權勢、地位等等都是它的外在表現，讓多少人心甘情願地步入它所設的圈套，一旦名利誘惑矇住了我們的眼睛，即使站在搖搖欲墜的懸崖邊，還忍不住自滿意得，殊不知自己正在向萬丈深淵一步步跌落。

●眞正的美麗

有一個大財主，他有七個女兒，個個花容月貌，美豔絕倫。每當家裡來了客人，他總是要把女兒們叫出來炫耀一番。大財主最想聽到客人們的讚歎聲，事實上每次客人們也的確都是讚歎不已。

有一天，來了一個客人，這位大財主照樣把女兒們叫出來，然後問他：「我的女兒美嗎？」

那位客人說：「這樣吧，你將女兒披上盛裝，去各地街上行走三天。如果每個人都說她們美的話，我就給你五百兩黃金；只要有一個人說不美，你就給我五百兩黃金，怎麼樣？」

財主動心了，心想：「這有何難？我女兒是公認最美的，而且還可以拿到黃金五百兩！」便欣然答應了。

他帶著女兒們在各地遊走，每個人都說她的女兒漂亮，眼看五百兩黃金就要到手了。最後一天，財主又帶她們來見佛祖，得意洋洋地問：「佛祖，祢說我的女兒們漂亮嗎？」

佛祖不屑地答道：「不漂亮！」

財主非常不高興，問道：「城裡的人們都說我女兒漂亮，怎麼就祢一個人說她們不漂亮呢？」

佛祖回答道：「世人看的是面容，而我看的是她們的心靈。在我看來，身能不貪錢財，口能不說惡言，意能不起邪念，這樣才是最美的！」

財主聽了佛祖的話，灰溜溜地離開，最終他輸了五百兩黃金。那個和他打賭的人正是佛祖的弟子，他知道佛祖是怎樣看待美的，到佛祖這裡來是他為財主安排的最後一站。

人的身上有兩種美，外在美與心靈美，外在的容顏美易見，但它也易逝，而心靈美的人，更多的在於魅力，即使是白髮蒼蒼，也同樣煥發出神采，人的身體只不過是載體，我們利用它，反過來也受到它的牽制。在我們過多地注重外在時，其實就讓它禁錮了自己，外表只是一層皮與一堆肉，除去了就是骷髏，心靈美才是真的美。

相傳，古代印度舍衛國有位專職打掃的婦人，天天打掃街道，十分勤勞，但她的衣服很骯髒，市民們都很嫌棄她，見到她，總是掩著鼻子走過。佛陀叫她來聽佛法，鼓勵她精進，城裡的人們不贊成，就紛紛跑來責問道：「佛陀！祢常說清潔的話，教人做清淨的行為，你為什麼要和這個骯髒的女人談話呢？難道不覺得她令人討厭嗎？」

佛陀嚴肅地說：「這位婦人保持了城市的乾淨，對社會貢獻很大，而且她善良、謙卑、勤勞、做事負責，我為什麼要討厭她呢？」這時，那位婦人洗過澡，換了乾淨的衣服，容光煥發地走出來與大家見面。佛陀繼續說：「你們外表雖然潔淨、美麗，但是驕傲、無禮，心靈內部卻很汙穢。要知道：她外表的骯髒容易洗淨，而你們內心的骯髒卻難改善呀！」城裡的人這才知道心靈美是最重要的。

愛美之心人皆有之，但是美麗的涵義有很多種，外在的美麗只是表面的存在。要知道，一顆善良的心才是美的根本，而幫助別人是美的展現，關心別人則是美的表達。

在日常生活中我們經常遇到這樣的事情：一位年過六旬的農村老人好不容易顫顫巍巍地上了公車，站在一位年輕漂亮的小姐的座位旁，那打扮得花枝招展的小姐不但不讓座，反而還露出了厭惡的神色，怕老人碰髒了她的衣服。老人看到別人嫌惡的表情，連忙說：「對不起！」這時，一位衣著樸素的小女孩從她身邊站了起來，主動為老人讓座。

每每看到這一幕，誰都會覺得那位樸素的小女孩很美、很令人感動，而那位看似漂亮的小姐卻那麼的令人嫌惡與不屑。

真正的美是內在的，是屬於心靈的，當你心地善良、自然大方、學識淵博、幫助他人、氣質優雅的時候，一切的美麗都在剎那間展露無遺。而你周圍的人們，或許早已經忘記了你並不美麗的容顏和並不高挑的身材，因為他們看到的是你善良的本性，是你可愛的心靈，而這些才是真正讓人無法抗拒的美麗。更重要的是，這種美，絕不會因為時光流逝、紅顏易老而衰退，它是永恆的美。

●開窗的學問

兩個人在圖書館看書，看著看著吵了起來。

「什麼事？什麼事？」管理員跑去問。

「我不需要開窗，我怕冷。」其中一個人說。

「我要開窗！」另一人說，「我需要新鮮空氣。」

「窗戶開一半好不好？」管理員問。

「不好！」兩個人異口同聲地說。

「你們其中一位到隔壁那間去看書，好不好？」管理說，「那邊沒有人。」

「也不好！」

管理員沒辦法，只好請來圖書館主任。

「這簡單！」主任說，「空氣確實需要流通，也確實不能讓冷風直吹。」接著走到隔壁一間，打開了窗子。

「感覺到新鮮空氣了嗎？」主任問。

「有了。」那位要開窗的人笑著說。

「不會冷吧？」主任又問另一個人。

「不會。」不願開窗的人也笑了。

像這種情況，在人生經驗或將來的人生歷程中，因個人需求與對方不同而出現僵局是時有發生的，這時如果學會變通，什麼事情都可以解決，但往往會在面臨對立的時候，都認為自己是正確的，對方則是錯誤的，由於彼此都不買帳，便形成了衝突，造成了兩敗俱傷的雙輸結果。

這種情況下，打破僵局的最好辦法就是雙方互相妥協，做出讓步，讓彼此都能找到各自的心理平衡。儘管這樣做很難，但這可以說是目前形式的絕對要求。若雙方不求變通，固執己見，則只能船翻人溺。

既然我們生活在群體之中，人與人之間無論在工作中，在生活中，都難免會出現彼此對峙的僵局，出現矛盾衝突，引發不愉快。僵而求變，才是雙方的共同出路，中庸之道，應該說是改善僵局的最好方法，「忍一時風平浪靜，退一步海闊天空」，成為千古不變的至理名言。

有人說：「幸運之源在於避免加劇衝突，和對已有的衝突進行調節。」的確，未產生僵持局面時應全面思考，事前先思考一分鐘，要比事後思考十小時更有效。一旦產生僵局，則宜求變，使矛盾得到化解，使我們的事業共同發展。

●盲人的燈籠

一個盲人拜訪朋友，閒聊到深夜才回家，朋友給他一盞燈籠，以方便他行走。

盲人說：「我是個瞎子，提燈籠又有何用？」

朋友說：「雖然你是個瞎子，但是天色很暗，你提著燈籠別人可以看到你，就不會把你撞倒了。」

盲人提著燈籠上路，沒想到走到半路就被人撞倒了。盲人很生氣地說：「你眼睛瞎了嗎？為何把我撞倒？」

路人回答說：「對不起，我沒有看到你。」

盲人大惑不解：「我提著燈籠，為什麼你看不見呢？」

路人說：「先生，燈籠裡的火早就滅了呀！」

當朋友給盲人一盞燈時，盲人就以為燈籠是自己的依靠，可以照亮路途，也可以照亮別人，盲人接受了朋友的觀念，並轉化為自己的觀念；但其無法經得起中途的環境變化（風把燭火吹熄），自以為燈還在，終於還是發生被撞倒的狀況。

在盲人提燈的寓言中，若我們把燈比喻為事物，則事物隨時在變化，而眼盲者卻無法掌握。眼盲者的智慧沒有開啟，只能接受別人的觀念予以奉行。由於他依賴別人的見地，但自己卻無法掌握環境的變化（燈熄了），用自以為是的錯誤觀念（以為燈還亮著）去責怪別人，究竟是對是錯，答案是很明顯的。

其實，我們很多人的行為，也像這個盲人一樣，總是按照經驗處理問題，結果不但沒把問題解決好，反而弄得更糟。其原因就是墨守成規，缺乏應變能力。如果時常用手試試燈籠的溫度，就能知道你手裡的燈是否還亮著。

●小鹿與魚乾

一隻魚鷹想去南方旅遊，牠對以往儲存的大量魚乾愁眉不展，最後決定忍痛割愛，以最低廉的價錢出售。

小鹿聽到這個消息後，馬上以最快的速度跑到了出清地點，當牠看見水獺、鴨子和花貓等正在大肆搶購魚乾的情景，便急急忙忙用鹿媽媽所給的錢買了魚乾，小鹿扛了一大袋魚乾回家，在路上忍不住喜滋滋地想：媽媽一定會誇獎我的。

誰知媽媽看到後，驚訝地瞪圓了眼睛，豎起了耳朵：「你買這麼多魚乾做什麼？」

小鹿得意洋洋地說：「清倉大拍賣，機會難得！」接著又眉飛色舞地補充道：「幸虧我動作迅速，否則慢了半步，就被其他動物買光了。」

鹿媽媽憂心忡忡地說：「傻孩子，你一味貪圖便宜，連最基本的常識都忘記了——我們鹿可是從來都不吃魚的，這下好了，你用所有的錢都買了這些魚乾，我們吃什麼呀？」

每逢超市大特價，總是吸引一大批瘋狂購物的顧客。他們買這買那，圖的就是「便宜」兩個字，卻很少想想這件商品我真的需要嗎？

不僅購物如此，許多人對於各種所謂的「機會」也是如此，什麼都想抓在手，結果真的有了好機會在面前時，已經沒有多餘的手去抓住機會了。

●他為什麼要謝我

森林裡來了一個乞丐。他形容枯槁，渾身還散發著一股異味，人人見而厭之，唯恐避之不及，實在躲避不及的，只好給他一點錢，快快打發他走。

當乞丐走到袋鼠面前，袋鼠翻遍身上的口袋，抱歉地說：「朋友，對不起，我跟你一樣的窮。」

沒想到乞丐卻緊緊握著他的手，連聲稱謝。袋鼠不解地問造物主：「奇怪，我什麼都沒給他，他為什麼要謝我？」

「不，孩子，」造物主說，「你給了他最好的——友誼和尊嚴。」

人無論富貴與否，人格與尊嚴都是自身最應該珍重的。尊重對方，給別人友誼和尊嚴，有時比贈與金銀財富更讓人感動，因為我們都需要平等相待，都需要受到尊重與重視。

●至少你還年輕

一位身障者來到天堂找到上帝，他抱怨上帝沒有給他健全的四肢，上帝就這位身障者介紹了一個朋友，這個人剛剛死去不久，才升入天堂，他對身障者說：「珍惜吧！至少你還活著。」

一位官場失意的人來到天堂找到上帝，抱怨上帝沒有給他高官厚祿。上帝就將那位身障者介紹給他，身障者對他說：「珍惜吧！至少你還有健康的四肢。」

一位年輕人來到天堂找到上帝，抱怨上帝沒有讓人們重視他，上帝就把那位官場失意的人介紹給他，那人對年輕人說：「珍惜吧！至少你還年輕。」

因為年輕，你可能會失去很多機會，但正是因為年輕，你還能創造出許許多多的機會。

倒楣的農夫

農夫牽了一隻山羊，騎著一頭驢進城去趕集。三個騙子知道了，想去騙他。

第一個騙子，趁農夫騎在驢背上打瞌睡之際，把山羊脖子上的鈴鐺解下來系在驢尾巴上，把山羊牽走了。

不久，農夫偶一回頭，發現山羊不見了，忙著尋找。這時第二個騙子走過來，熱心地問他找什麼。

農夫說山羊被人偷走了，問他有沒有看見，騙子隨便一指，說看見一個人牽著一隻山羊從林子中剛走過去，說不定是那個人，快去追吧。農夫急著去追山羊，把驢子交給這位「好心人」看管。等他兩手空空地回來時，驢子與「好心人」都沒了蹤影。農夫傷心極了，一邊走一邊哭。當來到一個水塘邊時，卻發現一個人坐在水塘邊，哭得比他還傷心，農夫挺奇怪：還有比我更倒楣的人嗎？就問那個人哭什麼。

那人告訴農夫，他帶著一袋金幣去城裡買東西，走到水塘邊休息一下，洗把臉，卻不小心把袋子掉進水裡了。農夫說，那你趕快下去撈呀。那人說自己不會游泳，如果農夫幫他撈上來，願意送給他二十個金幣。

農夫一聽喜出望外，心想：雖然丟了羊和驢子，但要是能到手二十個金幣，損失全補回來還有餘啊。他連忙脫光衣服跳下水撈起來。當他空著手從水裡爬上來時，他的衣服、乾糧也不見了，僅剩下的一點錢還在衣服口袋裡。

生活中，我們常常因顧此而失彼。所以，我們在做一件事時，一定要多方面考慮，切不可盲目行事。否則，不但顧不了此，而且也會失去彼。

●猶豫的毛驢

一頭毛驢幸運地得到了兩堆草料，卻猶豫著不知先吃哪一堆才好，在兩堆草之間徘徊。

就這樣，守著近在嘴邊的食物，這頭毛驢竟然活活餓死了，因為牠沒有學會選擇，也不懂先放棄一堆先去吃另一堆。

很多年輕人都因為面臨多種選擇卻又難於選擇而心煩意亂。一位畢業不久的大專生找到一份不錯的工作，他覺得自己的學歷太低，想去考碩班，又怕讀完研究所之後再也找不到這樣的好工作。一位二十八歲的女孩，談了五年戀愛，她想結婚可男友至今還沒有買房，她想分手卻又捨不得這份經受了時間考驗的感情。有同事為二十四歲的他介紹了一位女朋友，經過接觸，他發現了她的聰明和善良，可又覺得她長相不好看，所以進退兩難。

一個人擁有較優越的現實條件，就意味著他有更為廣闊的選擇空間，而可供選擇的目標越多，那麼在他作出決策之前，其內心的矛盾衝突也就越多。

再比如找工作，只有小學畢業並且沒有什麼專業技術的人，能夠選擇的機會不多，因而只要找到一份工作，他就會很樂意地去做；而受過高等教育的工程技術人員可以從事的職業很多。

無論何種衝突，都是要在幾種可供選擇的方案中，作出唯一的選擇。在選擇之前，我們的大腦會一直對方案進行反覆的比較，這種高負荷的運作總是伴隨著緊張、焦慮、煩躁、不安等負面情緒，尤其在我們面臨人生的重大選擇時，這樣的情緒會更強烈、更深刻。每個人都無法長期忍受這種狀態，因此總是希望儘早作出選擇，一旦作出了選擇，這種煩躁不安的情緒也就隨之結束。

選擇意味著放棄那些不合理的方案，同時也意味著必須接受選擇的一切結果，這就是我們平常所說的「對自己的選擇負責」。那些長時間處於矛盾狀態以至出現心理障礙的人，往往具有這樣的個性：過度完美化。過度追求完美，就不願放棄那些相對不重要的目標，因而遲遲不能作出選擇，並進而錯失時機。而那些依賴性較強的人，因為不敢承擔責任，害怕面對可能到來的不良後果，所以不能獨立地做出選擇，最終因長時間承受負面情緒的壓力而加重自卑感。

以下是幾點關於選擇的原則性建議：

✧ **放棄幻想，從現實入手**：完美化的幻想會讓人產生不切實際的願望：「如果……」「要是……」為了等待這些虛幻的假設，我們就會陷入長時間的內心衝突，並因此失去原有的自信，我們的目標，現在都不可能是「最好的」，都需要我們作出努力之後才有可能變成「最好的」。所以，面對現實，付諸行動才是最重要的。

✧ **推遲決策，從小處著手**：有些心理衝突是因為過早地要作出「最終決定」，可自己掌握的訊息不多，一時難於作出選擇。比如二十四歲的他，與對方接觸不久，就希望得出明確的結論：要不要跟她交往？由於了解不多，此時作出的選擇難免不成熟。倘若進一步了解，就可以對她有新的認識——也許不再覺得她「不好看」，也許不再覺得她「聰明和善良」——那時候再做選擇就不會困難。

✧ **切斷退路，讓自己別無選擇**：帶來心理衝突的每一個目標（包括雙趨衝突中的目標）對於我們都各有利弊，因此，任何選擇都有其合理的一面，我們往往無法精確衡量得失之間的大與小。與其花太多的精力去作細緻的比較，不如隨機選取其一，專心致志地為之努力，這往往會使我們獲得更豐厚的回報。

有人曾經做過一個比喻：「把一對夫婦安置到人跡稀罕的大森林裡去生活，想必他們不會有離婚的念頭，因為別無選擇，他們將致力於鞏固彼此的關係。」事實上，無論在人生的哪一個領域，別無選擇都會是最好的選擇——它能使我們集中個人有限的精力，去走好自己的路。

●黃金和石頭的區別

從前有個守財奴，他從不肯多花一分錢，平時他只吃饅頭，喝冷水，一年四季衣衫襤褸。凡是賺到的錢，他都全數儲存起來，盼著積少成多，有朝一日家財萬貫。

有一天，他拿出所有的積蓄，買了一塊大黃金。那天晚上，他擔心黃金被人偷走，一整夜都不敢入睡。最後，他終於想出了一個萬無一失的辦法。

天剛濛濛亮時，他在院子裡挖了一個深坑，把黃金埋了進去。他覺得，即使竊賊潛入他家，也絕對不可能劫走他的寶貝，每隔幾天，守財奴總要刨開土，從坑裡取出黃金，捧在手裡，呆呆地看上半天，然後，再心滿意足地把它重新埋好。

誰知，有一個人偶爾發現了守財奴的這一祕密，某天夜裡，他趁守財奴在呼呼酣睡時，悄然無聲地跳進院子，挖出了黃金，然後又填上土，恢復了原樣。

翌日，當守財奴刨開坑，發覺他的財寶不翼而飛時，不禁捶胸跺腳，號啕大哭起來。

正在那時，有個行人路過，當他得知事情的來龍去脈後，不由得笑了笑，安慰守財奴道：「你這傻瓜，原來是為這件事傷心啊。那太不值得了！其實，你不想想，當你有黃金的時候，你難道真的擁有它了嗎？並沒有，因為你把它埋到了泥土裡，所以你不必難過，你去把一塊石頭埋在那坑裡，當它是金子不就好了！反正你又不想使用黃金做事，在泥坑裡埋石頭和埋黃金對你又有什麼區別呢？」

金錢的價值在於如何使用，否則與石頭沒有多大區別。人的能力表現在做事上，否則再強的能力也是白費。你有什麼特長，就亮出來，不要讓你的特長在角落裡蒙上灰塵。

有一個人在長途旅行前叫來他的三個僕人。他給了第一個人一萬元，第二個人四千元，第三個人兩千元。就這樣，他把自己的財產分別交給了這三個僕人看管，得到一萬元的那個僕人將得到的錢進行了投資從而使總金額翻了一番；得到四千元的僕人也是如此行事。而第三個僕人則挖了一個洞，將他的兩千元埋了起來。

主人回來後又把他們召集在一起，讓他們匯報各自的帳目。前兩個僕人分別向他們的主人返還了兩萬元和八千元，於是主人說道：「我善良、忠誠的僕人，你們做的不錯，你們在管理小額金錢展現了才能和忠心，因此我要讓你們管理更多的錢。來，和我一起分享我的快樂！」而第三個僕人則向他的主人解釋說他很擔心，所以把錢埋在了地下。主人對此的回應是：「現在我要從你這裡把錢拿走，交給那個手上有兩萬元的，讓他擁有更多；而對那一無所有的人，就連他僅有的一點點也要奪過來。」

朋友們，請記住：錢是要用的，不是要埋的。

●最好的消息

有一位著名的高爾夫球選手有一次贏得一場錦標賽，領到支票，他微笑著從記者的重圍中出來，到停車場準備回俱樂部。這時候一個年輕的女子向他走來表示祝賀，然後又說自己可憐的孩子病得很重，若得不到醫治也許會死掉，而她卻不知如何才能支付起昂貴的醫藥費和住院費。

高爾夫球選手被她的講述深深打動了，他二話不說，掏出筆在剛贏得的支票上飛快地簽了名，然後塞給那個女子。「這是這次比賽的獎金。祝可憐的孩子康復。」他說道。

一個星期後，高爾夫球選手正在一家鄉村俱樂部進午餐。一位職業高爾夫球公會的經理走過來，問他一週前是不是遇到一位自稱孩子病得很重的年輕女子。高爾夫球選手點了點頭。

「哦，對你來說這是個壞消息。」官員說道，「那個女人是個騙子，她根本就沒有什麼病得很重的孩子。她甚至還沒有結婚！你被人騙了！我的朋友。」

「你是說根本就沒有一個小孩子病得快死了？」

「是這樣的，根本就沒有。」官員答道。

高爾夫球選手長吁一口氣：「這真是我一個星期來聽到的最好的消息。」

每個人都不可能不在意金錢，但金錢有時並不能解決根本的問題，這位善良、高尚的球手並不以錢的損失而生氣，而為沒有受苦受罪的孩子而釋懷，不知你讀了這個故事有何感想。

當你實現的夢想不僅僅是為了自己，而且也是為了別人的時候，你就會有更多的成就感。這不僅是因為你自己事業得到發展，可以賺到更多的錢，更重要的是無論你是雇員還是企業家，當你培養出為他人服務的處事態度，你就會與眾不同，就會成就更大的事業，他人服務的態度正是我們所缺少的東西，而正是這種東西可以讓你無比富有。

我們當中許多人都聽過這個說法：「付出是它自己的回報。」這當然是真的，而且比任何理由更值得付出，付出還有讓人不易發現的好，那就是付出是神力，不但在幫助他人得到實惠，還為付出的人創造了更多價值，包括有形的和無形的，這是一條真實的自然法則，不論付出的人是否想要什麼或是否明白究竟發生了什麼事。

如果你想要用愛或其他有價值的事物充實人生，也是同樣的道理。付出和回收是一體兩面，如果你想要更多的愛、樂趣、尊重、成功或任何東西，方法很簡單，只要肯付出。不要擔心任何事情，人在做，天在看，你所付出的一切都會帶著回報一起回來！

有一位哲人這樣說過：「為那些永遠不能報答你的人做些事，你的每一天會過得更加完美。」無意識的善意行為將快樂傳播。當你自己感到愉快時，你也就能和善地對待別人。如果你不能使別人快樂，你自己也不會快樂。透過與別人一起分享你的財富，你將讓這個世界更加美好。

我們走我們的

黃昏時，兩個朋友急匆匆地走著路，熱烈地談著話。這時候，突然從一個大門裡竄出來一隻獵狗，衝著他們汪汪叫。緊接著，狗們接二連三地從院子裡跑出來，大聲狂吠著，沒多久就有一大群，擠滿了大街。

兩人中有一個人撿起石頭想扔過去，另一個對他說道：「何必那麼傻呢，由牠們叫去好了！你永遠沒辦法半止住狗叫的。你若是惹了這一大群，後果就更加糟糕了。我看透了這些畜生，我們走我們的，頭也不要回過去！」

他們又走了五十步的路，果然狗群的吠聲愈來愈少，終於完全消失了。

對於人們所做的一切，狗們總要吵嚷一陣。只管走你自己的路，不必想法制止牠們，牠們吵了一陣後，自然會收場的。

加更多的鹽豈不更好

從前，有一個傻子到別人家去做客。主人請他吃飯，他嫌菜沒有味道。主人聽說後，便往菜裡加了點鹽。

菜加了鹽以後，味道鮮美多了。傻子嘗了嘗，自言自語地說：「菜之所以鮮美，是因為有了鹽。加一點點鹽就如此鮮美，如果加更多的鹽，豈不是更加好吃？」回到家以後，傻子便抓了一把鹽直接放進嘴裡，吃了以後，又苦又鹹，弄得口舌都失去味覺。

凡事都有一個分寸，一超過了分寸，就有「過猶不及」的後果。

●為了半文錢的債

從前，有個商人借給別人半文錢，那人很久沒有償還，他便前去討債。討債的路上有一條大河，乘船過渡要花兩文錢，到了對岸跑上門討債，竟然連人也沒有見到，這個商人只好返回來，過河時還得再花兩文錢，為了半文錢的債，他卻花了四文錢，而且往返奔波，弄得疲憊不堪。

忙碌之餘，最好坐下來算算帳：你起早貪黑究竟是為了什麼？你所追求的值不值得你如此付出？

如果像那個商人那樣為了半文錢的債，「賠了夫人又折兵」，還不如將精力放在如何多掙幾文錢上；或者，乾脆坐下來，喝一杯茶悠閒一下。

●多拿一點

一個放羊的男孩，偶然發現了一個深不可測的山洞，這個地方很隱蔽，他從未到過，好奇心促使他一步步地往山洞深處走去，突然，就在洞的深處，他發現了一座金光閃閃的寶庫。天哪，這是不是人們常說的天下第一寶藏嗎？

放羊的男孩很是好奇，他從來沒有見到過這麼多的金子，他很高興。他小心地從幾萬噸的金山上拿了小小的一條，並且自言自語道：「要是財主不再讓我幫他放羊的話，這些金子也夠我生活一段時間了。」他邊說邊從寶庫回到放羊的山上，然後不急不忙地將羊趕回老財主家，又如實地將這一天的發現告訴了財主。還把自己撿到的那塊金子拿出來給財主看，讓他辨別其真假。

財主一看、二摸、三咬之後，一把將放羊的男孩拉到身邊，急切地問藏金子的寶庫在哪裡。男孩把藏金子的寶庫的大概位置告訴了他，老財主馬上命令管家與手下們直奔男孩放羊的那座山，還擔心男孩在說謊，讓男孩為他們帶路。

財主很快見到了那座真的金山，高興得不得了。他想：這下我可發了大財了，他趕忙將金子裝進自己的衣袋，還讓一起進來的手下猛拿。就在他們把小男孩支走，準備帶走所有的金子的時候，洞裡的神仙發話了：「人啊，別讓欲望負重太多，天一黑下來，山門就要關了，到時候，你不僅得不到半兩金子，連老命也會在這裡丟掉，別太貪婪了。」

可是財主哪裡聽得進去，他想這個山洞這麼空闊，且又那麼堅硬，就是天大的石頭砸下來，也不一定就砸到自己的頭上。何況這裡有這麼多的金子呀，不拿白不拿，多拿一點有什麼可怕，擁有了這些金子，出去後我不就是大富翁了嗎？於是財主還是不停地搬運，非要把金山搬空不可。不料，一陣轟隆隆的雷聲響起後，山洞全被地下冒出的岩漿吞沒掉，別說是當富翁了，就連自己性命也丟在了火山的岩漿之中。這個山洞也成了他的墳墓。

人是生活在社會中的，無論是什麼人，只要進入社會，接觸到物質社會的利益，都會在心裡產生種種欲望。

生物學家都知道，動物的基因是自私的，牠們必須自私，因為牠們的目標是爭取生存，當牠與同類發生你死我活的競爭時，只有擊敗對手，犧牲同類才有自己生存的權利。人也是由動物遺傳基因演化發展而形成的，人之自私大抵發源於此。但如果僅僅以為基因必須自私而心安理得，而丟棄非生物學的人之所以為人的力量，你就等於把自己最重要的一部分——你的靈魂，從你的軀體上剝去了，剩下的只是一副髏骨。你會變得毫無人的力量，即使血肉仍附在你的身軀上，那整個的你與普通動物也沒有什麼區別了。因此，掌控這界線就在於不能讓自己太貪婪。

不論在什麼社會、什麼國家，貪婪者都是卑鄙的、遭人唾棄的，都會受到社會的譴責，受到公眾的鄙視。

毫無疑問，人的貪婪與否、欲望的多少直接關係到人品的汙潔和事業的成敗。「人只一念貪私，便銷剛為柔，塞智為昏，變恩為慘，染潔為汙，壞了一生人品，故古人以不貪為寶，所以度越一世。」這就是說，一個人只要心中出現一點點的貪婪和私心雜念，他本來的剛直性格就會變得懦弱，聰明就會變得昏庸，慈悲就會變得殘酷。

人在進入社會後都各種欲望，這本無可厚非，但有的人的欲望是客觀的、有節制的，這樣的欲望只會變成一股促人向上的動力，他可以使人具有方向性；而有的人的欲望則是主觀的、無限制的，甚至連他自己也說不清楚需要多少才能得到滿足。這樣的欲望只會為自己增加壓力，超負荷的欲望更會羈絆人前進的腳步，有的甚至會將自己引向歧路，引向死亡。

●浪子回頭金不換

有一個人生了兩個兒子，大兒子忠厚老實，小兒子奸詐狡猾。

有一次，小兒子說：「爸，樹大分枝，人大分家。現在我已經長大成人了，我們可以分家了，你把我應得的那份財產分給我吧。」

父親把他應得的家產分給了他。他得了這筆錢，就遠離父親，自己過日子去了。

小兒子在外面毫無節制，揮霍無度，過了一段日子，就將這份家產花得一乾二淨。恰巧，他住的那個地方又鬧饑荒，他混不下去了，只好替別人養豬，過著有一餐沒一餐的日子，有時候實在餓急了，連豬食都抓來充飢。直到這時，他才深深地悔恨自己過去的荒唐，想回到父親那裡去。

於是，他穿著一身襤褸的衣服，低著頭回來了。父親遠遠地看見他，急忙迎上去，一把抱住他，又是擁抱又是親吻。

小兒子說：「爸，我錯了。」

父親歡喜無限，一邊安慰他，一邊吩咐宰牛殺羊，打算慶賀一番。

大兒子看了這個情形很生氣地說：「我老老實實、正正派派地做人，爸從來沒為我慶賀過；弟弟不走正道，傾家蕩產，爸反倒要為他慶賀。這是什麼意思？」

父親說：「孩子，你走的是正道，而你弟弟走的是邪道，現在你弟弟改邪歸正，難道迷途知返不是一件值得慶賀的事嗎？」

「一失足成千古恨」這是千年古訓，目的是叫人們把握好自己的人生方向，千萬不要走錯了。其實，人的一生要經歷許多的風風雨雨，總會遇到各式各樣的情況，走偏也是在所難免的，更何況人的智力在不同的階段會有不同的思考方式，在問題上產生偏激，對事情急於求成又脫離實際，一時控制不住自己，自然也就會犯這樣或那樣的錯誤，有時還會造成過失，帶來嚴重的後果，但並非成千古恨後就都不可救藥。

因此，除了「一失足成千古恨」這句古訓外，年輕人還應該記住的另一句古訓是：浪子回頭金不換。

● 我們用了十塊紗布

在一家醫院，有一位年輕的實習生護理師，如果此次手術後，她被外科醫生評定合格，那她將獲得合格的護理師證書。

複雜艱苦的手術從清晨進行到黃昏，手術終於接近尾聲，主刀的外科專家即將縫合患者的傷口。突然實習生嚴肅地盯著他說：「醫師，我們用了十塊紗布，您只取出了九塊。」

外科專家答道：「不可能，我已經都取出來了，你不要信口開河。」

「不會的！」實習生堅持著自己的看法，「我記得清清楚楚，手術中我們用了十塊紗布。」

外科專家不耐煩地說：「我是醫生，我有權決定縫合傷口！」女學員毫不退讓，她大聲指出：「正因為您是醫生，您就更不能這樣做，況且我們都要對患者負責。」

這時，外科專家嚴肅的臉上泛起了欣慰的笑容。他舉起左手手心裡握著的第十塊紗布道：「妳是正確的，妳將會是一個合格的護理師。」

一個人僅有敏銳的頭腦是不夠的，更重要的是還要有正直的品德。小到一個公司，大到一個國家，它們真正需要的往往是後者。

所以，正直的品德總是為真正的睿智者和成功者所推崇。正直是什麼？美國成功學研究專家戈森認為，在英語中「正直」一詞的基本詞義指的是完整。在數學中，整數的概念表示一個數字不能被分開。同樣，一個正直的人也不會把自己分成兩半，他不會心口不一，想一套，說一套——實際上他不可能撒謊；他也不會表裡不一，說一套，做一套——因為他不會違背自己的原則。正是由於沒有內心的矛盾，才給了一個人額外的精力和清晰的頭腦，使他必然地獲得成功。戈森認為，正直的人之所以被人稱頌，實際上意味著他有某種堅持的原則。

正直意味著有高度的榮譽感，榮譽不是聲譽。法蘭克．萊特（Frank Lloyd Wright）曾經對美國建築學院的師生們說：「這種榮譽感指的是什麼呢？什麼是一塊磚頭的榮譽感呢？那就是一塊實實在在的磚頭；什麼是一塊木材的榮譽呢？那就是一塊結結實實的板材；什麼是人的榮譽呢？這就是要做一個真正的人。」法蘭克．萊特恰恰如此，他不愧為一個忠實於自己做人標準的人。

正直也意味著具有道德感並且遵從自己的良知。馬丁．路德（Martin Luther）在他被判死刑的城市裡面對著他的敵人說：「做任何違背良知的事，既談不上安全穩妥，也就更談不上明智。我堅持自己的立場，上帝會幫助我，我不能做出其他的選擇。」

正直還意味著有勇氣堅持自己的信念，這點包括有能力去堅持你認為是正確的東西。正直意味著自覺自願地服從，從某種意義上說，這是正直的核心，沒有誰能迫使你按高標準要求自己，也沒有誰能勉強你服從自己的良知。

我們用了十塊紗布

第二次世界大戰期間，一位美國陸軍上校和他的吉普車司機走錯路，迎面遇上了一個德軍的武裝小分隊。兩個人跳出車外，都躲藏起來，司機躲在路邊的灌木叢裡，而上校則藏在路邊的水溝中，德國人首先發現了司機並向他的方向開火，上校本來是不容易被發現的，然而，他卻寧願跳出來還擊——用一支手槍對付幾輛坦克和機關槍，他被殺害了，那個司機被德國人俘獲了，後來，重獲自由的司機對人們講述了這個故事，為什麼這位上校要這樣做呢?因為他的責任心要勝過他對自己安全的關心，儘管沒有任何人勉強他。

正直使人具備冒險的勇氣和力量，正直的人歡迎生活的挑戰，絕不會苟且偷安，畏縮不前。一個正直的人是全然相信自己的人，因為他沒有理由不信任自己。

正直經常表現為堅持不懈、一心一意地追求自己的目標，拒絕放棄努力的堅忍不拔的精神。「我們絕不屈從!絕不，絕不，絕不!無論事物的大小鉅細，永遠不要屈從，唯有屈從於對榮譽和良知的信念。」邱吉爾就是這樣說，也是這樣做的。

正直還會為一個人帶來許多好處:友誼、信任、欽佩和尊重。人類之所以充滿希望，其原因之一就在於人們似乎對正直具有近乎本能的判斷能力——而且不可抗拒地被吸引。

怎樣才能做一個正直的人呢？第一步就是要鍛鍊自己在小事上做到完全誠實。當不便於講真話的時候，也不要編造小小的謊言，不要去重複那些不真實的流言蜚語，就像不要把個人的電話費用記到辦公室的帳上等等。

這些事聽起來可能是微不足道的，但是當你真正在尋求正直並且開始發現它的時候，它本身所具有的力量就會令你折服，使你在所不辭。最終你會明白，任何一件有價值的事，都包含有它自身的不容違背的正直內涵。

這就是萬無一失的成功的祕方嗎？是的。它之所以是百靈百驗的，正是因為它與人的欲望、金錢、權力以及任何世俗的衡量標準毫不相干，如果你追求它並且發現了它的真諦，你就一定能成為一個富有魅力、前途無量的人。

● 只要有了斧頭

大山下住著一位樵夫，他終日砍柴勞作著，終於建成了一間可以擋風遮雨的木房子。

有一天，他挑著木柴到城裡去賣，可是當他從集市回來時，卻發現好不容易建造起來的屋子竟然著火了。

只要有了斧頭

左鄰右舍們紛紛前來幫忙救火，但是因為風勢過於強大，火燒得越來越猛，根本沒有辦法將其撲滅，所以一群人只能靜待一旁，眼睜睜地看著熾烈的火焰吞噬了整棟木屋。

當大火終於自行熄滅了以後，這位樵夫拿起一根棍子，跑進倒塌的屋子裡不停地翻找著東西。圍觀的眾人都以為他正在尋找藏在屋子裡面的珍貴寶物，所以也都好奇地在一旁關注著他的舉動。

過了半晌，樵夫終於興奮地叫了起來：「我找到了！我找到了！」

大家於是紛紛向前探個究竟，結果卻發現樵夫手裡只不過捧著一把沒有柄的斧頭，根本不是什麼值錢的寶物。

人們「噓」的一聲散開了。可是樵夫卻沒有絲毫的不高興，反而把新木把嵌入到斧頭裡，並充滿自信地說：「只要有了這柄斧頭，我就什麼都不怕了。我可以再建造一個更堅固耐用的家。」

很多人在遭遇到這種情況時，一定會抱著一堆死灰哭泣，甚至還會抱怨老天瞎了眼。其實成功的人不是從未被擊倒過，而只是在被擊倒後，還能積極地往成功的道路上不斷邁進。所以，不要讓昨天的沮喪令今天的腳步停滯不前，不要使明天的夢想因今天的失意而黯然失色！

●倒下去又立刻站起來

一位父親為他的兒子怯懦而感到苦惱，都已經十六七歲了，卻一點男子漢的氣概都沒有。毫無辦法之際，他去拜訪一位拳師，請求這位武術大師幫助訓練他的兒子，重塑男子漢的勇氣。拳師說：「把你的男孩留在我這裡半年，這半年裡你不要見他。半年後，我一定把你的孩子訓練成一個真正的男子漢！」

半年後，男孩的父親來接男孩，拳師安排了一場拳擊比賽來向這位父親展示這半年來的訓練成果，被安排與男孩對打的是一名拳擊教練。教練一出手，這男孩便應聲倒地，但男孩才剛剛倒地便立即站起來接受挑戰。倒下去又站了起來，如此來來回回總共有二十多次。

拳師問這個父親：「你覺得你孩子的表現得夠不夠男子漢氣概？」

「我簡直無地自容了，想不到我送他來這裡訓練半年多，我所看到的結果還是這麼不經打，被人一打就倒。」父親傷心地回答。拳師意味深長地說：「我很遺憾，因為你只看到了表面的勝負，但你有沒有看到你兒子倒下去又立刻站起來的勇氣和毅力呢？那才是真正的男子漢氣概！」

倒下去又立刻站起來

愛迪生被燈絲擊倒了九千九百九十九次，但他站起了九千九百九十九次。在第一萬個回合中，愛迪生沒有倒下。只有站起來的次數比倒下去的次數多一次，事業才會成功。

在乾涸與炎熱得冒火的沙漠裡，據說有一種植物能夠生存千年不死，死後千年不倒，倒後千年不腐，這種植物叫胡楊。它以堅強的勇氣、決心、意志和鬥志，為自己贏得了人們的驚嘆、尊敬與讚賞。

作為血氣方剛的年輕人，如果也能夠像沙漠裡的胡楊一樣，不被任何困難嚇倒，不被任何打擊打垮，那麼，他同樣會得到人們的驚嘆、尊敬與讚賞，他會因此而魅力大增。

當你在開始一天的工作時，你將如何面對這個世界呢？是否在你的內心潛伏著恐懼感，並且在你的臉上寫著「我不清楚今天在我身上到底會發生些什麼事情」這句話呢？或者，你是否帶著所有思想中最重要的勇氣上路呢？

一個永不喪失勇氣的人是永遠不會被打敗的。就像彌爾頓（John Milton）說的——

即使土地喪失了，那有什麼關係。
即使所有的東西都喪失了，

但不可被征服的志願和勇氣
是永遠不會屈服的。

一位睿智的古羅馬哲學家塔西佗（Gaius Cornelius Tacitus）這樣說：「諸神帶著濃厚的興趣，看護著超常的勇氣。」

人們往往透過一個人內在的精神來評價這個人，而人的本身是由他的決心、意志力和勇氣創造出來的。如果人的身上有完美的精神，就好像在奧運會世界冠軍身上的一樣，那麼這個世界會注意他，他就代表了某種特殊的東西，許多人會被他的勇氣而折服，他就是有魅力的創造者和成功者。

如果你有一個不可戰勝的靈魂，那麼無論在你身上發生什麼不順利的事都無法影響你的繼續努力。

儘管我們從小就聽說過許多表現出極大勇氣的英雄故事，但我們更需要在家裡、在日常生活中擁有同樣的勇氣。無論發生了什麼事情，平靜地帶著微笑去面對這個世界，這需要極大的勇氣。

●孩子，我要找的就是你

一位賢明而受人愛戴的國王，把國家治理得井井有條。國王年紀逐漸大了，但膝下並無子女。最後他決定，在國內挑選一個孩子收為義子，將他培養成未來的國王。

國王選子的標準很獨特，他發給孩子們每人一些種子，並宣布誰如果用這些種子培育出最美麗的花朵，那麼誰就成為他的義子。

孩子們領回種子後，開始精心地培育，從早到晚，澆水、施肥、鬆土，誰都希望自己能夠成為幸運者。

有個男孩，也整天精心地培育種子，但十天過去了，半個月過去了，花盆裡的種子連芽都沒冒出來，更別說開花了。

國王決定觀花的日子到了，無數個穿著漂亮的孩子湧上街頭，他們各自捧著開滿鮮花的花盆，用期盼的目光看著緩緩巡視的國王。國王環視著爭妍鬥奇的花朵與漂亮的孩子們，並沒有像大家想像中的那樣高興。

忽然，國王看見了端著空花盆的男孩。他無精打采地站在那裡，國王把他叫到跟前，問他：「孩子，你為什麼端著空花盆呢？」

男孩抽泣著，他把自己如何精心種植，但種子怎麼也不發芽的經過說了一遍。沒想到國王的臉上卻露出了最開心的笑容，他把男孩抱了起來，高聲說：「孩子，我要找的就是你！」

「為什麼是這樣？」大家不解地問國王。

國王說：「我發下的種子全部是煮過的，根本就不可能發芽開花。」

所有捧著鮮花的孩子們都低下了頭，因為他們全都另播下了種子。

世界上假的東西很多，它們在一時之間也確實能矇蔽不少人，但假的終究是假的，經不起真實的考驗。我們要達到成大事的目的，靠欺騙手段可能會奏效一時，但遠不如誠實更有用。

一位作家講過這樣一個故事。

由於遺棄或收繳來的自行車無人認領，警察決定將它們拍賣。

第一輛自行車開始競拍了，站在最前面的，一位大約十歲的小男孩說：「五塊錢。」喊價持續了下去，拍賣員回頭看了一下前面的那位男孩，他沒加價。跟著幾輛也出售了，那位小男孩每次總是出價五元，從不多加。不過五塊錢實在太少了，因為每輛自行車最後的成交價幾乎都是三四十元美金。

漸漸地，人們也都感到奇怪。暫停休息時，拍賣員和其他人問男孩為什麼不再加價，小男孩告訴他們，他只有五塊錢。

拍賣快結束了，現場只剩下最後一輛非常漂亮的自行車，拍賣員問：「有誰出價嗎？」這時，站在最前面，幾乎已失去希望的小男孩輕聲地又說了一遍：「五塊錢。」拍賣員停止了喊價，所有競拍的人也靜坐著，沒人舉手，也沒有第二個人加價。最後，小男孩拿出握在手中，已被汗水浸得皺巴巴的五塊錢，買走了那輛全場最漂亮的自行車。

現場的人們紛紛鼓掌，任何人在現場都會被感染而為那個小孩鼓掌的，因為像他那樣坦坦蕩蕩地去競爭的人實在太少。

一個人說話誠實，做事誠實，內心真誠，就會令人信服，故真誠可以消除隔閡，化解矛盾，促進人際關係的和諧團結，古人有「精誠所至，金石為開」的格言，這是說精誠的力量可以貫穿金石，何況人心呢。至誠之心的確有巨大的精神力量，三國時，諸葛亮對孟獲七擒七縱，終於使孟獲心悅誠服，化解了漢族和少數民族長期積存的矛盾，便是一個有說服力的例證。

●跳蚤已不會跳

科學家把跳蚤放在桌上，一拍桌子，跳蚤迅速跳起，跳起高度均在其身高的一百倍以上，堪稱世界上跳得最高的動物！然後在跳蚤頭上罩一個玻璃罩，再讓牠跳。這一次跳蚤碰到了玻璃罩。連續多次後，跳蚤改變了起跳高度以適應環境，每次跳躍總保持在罩頂以下高度。接下來逐漸降低玻璃罩的高度，跳蚤每次都在碰壁後主動改變自己的高度。最後，玻璃罩接近桌面，這時跳蚤已無法再跳了。科學家於是把玻璃罩打開，再拍桌子，跳蚤已不會跳，變成「爬蚤」了。

跳蚤變成「爬蚤」，並非牠已喪失了跳躍的能力，而是由於一次次受挫學乖了，習慣了，麻木了。最可悲之處就在於，實際上的玻璃罩已經不存在，牠卻連「再試一次」的勇氣都沒有。玻璃罩已經罩在潛意識裡，罩在了心靈上。行動的欲望和潛能被自己扼殺！科學家把這種現象叫做「自我設限行為」（self handicapping behavior）。

很多人的遭遇與此極為相似。在他們成長的過程中，尤其是幼年時代，遭受過外界（包括家庭）太多的批評、打擊和挫折，於是奮發向上的熱情、欲望被「自我設限」壓制封殺，沒有得到及時的疏導與激勵。既對失敗惶恐不安，又對失敗習以為常，喪失了信心和勇氣，漸漸養成了懦弱、猶疑、狹隘、自卑、孤僻、害怕承擔責任、不思進取、不敢拚搏的精神面貌，從而遠離了真正的自我。

● 雞群裡長大的鷹

一個人在高山之巔的鷹巢裡，捉到一隻幼鷹。他把幼鷹帶回家，養在雞籠裡。這隻幼鷹和雞一起啄食、散步、嬉鬧和休息，牠認為自己就是一隻雞。

這隻鷹漸漸長大，羽翼豐滿了，主人想把牠訓練成獵鷹，可是由於終日和雞混在一起，牠已經變得和雞完全一樣，根本沒有飛的意願了。

幾天前的報紙上，刊登了一則這樣的故事：

一位大學畢業生，他的工作很令人感到意外，是一名果菜公司的搬運工人。他說他六年前從學校畢業，一時找不到工作，便經人介紹到蔬菜公司當搬運工，賺賺零用錢。漸漸地，這位「天之驕子」習慣了那份工作和周圍的環境，也就不再積極地去找別的工作，於是一做就是六年，現在年近三十，由於長期與蔬菜打交道，不僅知識未能跟上時代，連所學的科系專業也丟得差不多了。他說：「換工作，誰還會要我呢？我又有什麼專長可以讓人用我呢？」目前，他仍在果菜公司當搬運工人。

在雞群裡待久了，雄鷹也會變成草雞，工作本身沒有高低貴賤之分，但一個人若長期碌碌無為地從事無法施展自己才華的工作，有何「光榮」可言？

對於雄鷹變草雞的寓言，故事的結尾是：主人在嘗試了各種讓鷹飛起來的辦法都歸於無效後，只好把鷹帶到山崖頂上像石頭一樣往下扔，鷹在慌亂之中拚命地調整下墜的姿勢並撲打著雙翅——就這樣，鷹居然飛起來了！

真希望報上所載的那位大學畢業生也能像雄鷹一樣——展翅高飛！

●穀倉裡的手錶

富有的農夫在巡視穀倉時，不慎將名貴的手錶遺失在穀倉裡，他在偌大的穀倉內遍尋不獲，便定下賞金，要農場上的小孩到穀倉幫忙，誰能找到手錶，就給他五十美元。

眾小孩在重賞之下，無不賣力地四處翻找。但是穀倉內滿坑滿谷儘是成堆的穀粒，以及散置的大批稻草，要在這當中尋找小小的手錶，實在是大海撈針。

小孩們忙到太陽下山仍無所獲，終於放棄了五十美元的誘惑，相繼回家吃飯去，只有一個貧窮的小孩，在眾人離開之後，仍不死心地努力找著那隻手錶，希望能在天黑之前找到它，換得那筆巨額賞金。

穀倉中慢慢變得漆黑。小孩雖然害怕但仍不願放棄，手上不停摸索著。突然，他發現在人走靜下來之後，出現一個奇特的聲音。

那聲音「滴答、滴答」不停響著，小孩頓時停下所有動作。穀倉內更安靜了，滴答聲也響得十分清晰。小孩循著聲音，終於在偌大漆黑的穀倉中找到了手錶。

人生的道路上，我們難免會遇上阻礙，如何能夠越過障礙而直抵成功的終點，是我們必須學習與研究的重要課題。

日趨進步的社會，帶來日益繁複的各類資訊，甚至連帶得人與人之間的關係也變得更加複雜。許多年輕人認為想要成功，就得在這些複雜的障礙中理出一條清晰的大道來，方便自己行走。於是便求助於迷信或算命占星等方式，企圖提早看清自己未來的方向何在。

正如故事中眾人紛亂地找尋手錶一樣，如果不能真正了解成功的法則，再多的問卜相命，不僅是徒勞無功，同時也損失自己的金錢，真正掌握命運的大師應該是您自己。

成功的法則其實很簡單，而成功者之所以稀少，是因為大多數人都認為太簡單了，而不信或不屑去做。

專注與單純，是成功法則中極重要的兩項態度。正如故事中貧窮小孩一般，為了獲得巨額賞金改善生活，在眾人都放棄後，執意要實現目的，甚至克服了對黑暗的恐懼，這才是追求成功的態度。

成功正如穀倉裡的手錶，早已存在你的心中，只要你真的要去找到它，並且讓自己靜下來，專注而單純地思考，你將可以聽到它清晰的滴答聲。

循著你心中必定成功的引導，不要理會複雜外界的因素，你終將成為一位卓越的人。

第三章　事業篇

狗與羚羊的奔跑

草原上，一隻狗正在獵捕一隻羚羊，經過漫長的奔跑，狗還是沒有追上羚羊。最後，狗趴在地上喘著粗氣問羚羊：「老弟，憑實力，我跑得比你快，可為什麼到關鍵一步時總是比你差一點？」

羚羊回答說：「你是比我跑得快，但你總是抓不到我，也許是因為我們奔跑的目的不一樣吧！」

「奔跑的目的？」狗很是不解地問道。

「是的，你奔跑的目的只是為了完成任務，討好你的主人，而我奔跑的目的卻是為了活命！」羚羊說。

人生中不能沒有「狗」，選擇壓力，堅持往前衝，自己就能成就自己。

一位名不見經傳的年輕人第一次參加馬拉松比賽就獲得了冠軍，並且打破了世界紀錄。

他如同輕巧的羚羊般衝過終點後，新聞記者蜂擁而至，團團圍住他，不停地提問：「你是如何取得這樣好的成績的？」

年輕的冠軍喘著粗氣說：「因為、因為我的身後有一隻狼。」迎著記者們驚訝和探詢的目光，他繼續說：「三年前，我開始練長跑，訓練基地的四周是崇山峻嶺，每天凌晨兩三點鐘，教練就讓我起床，在山嶺間訓練。可我盡了自己最大的努力，進步卻一直不大。」

「有一天清晨，我在訓練的途中，忽然聽見身後傳來狼的叫聲。開始是零星的幾聲，似乎還很遙遠，但很快就急促起來，而且就在我的身後。我知道是一隻狼盯上了我，我甚至不敢回頭，沒命地跑著。那天訓練，我的成績好極了。後來教練問我原因，我說我聽見了狼的叫聲。教練意味深長地說：『原來不是你不行，而是你的身後缺少一隻狼。』後來，我才知道，那天清晨根本就沒有狼，我聽見的狼叫，是教練裝出來的。從那以後，每次訓練時，我都想像著身後有一隻狼，成績也就突飛猛進。今天，當我參加這場比賽時，我依然想像我的身後有一隻狼，所以我成功了。」

《簡愛》的作者——英國女作家夏洛蒂．勃朗特（Charlotte Brontë）意味深長地說過：「人活著就是為了含辛茹苦。人的一生肯定會有各種壓力，於是內心總經受著煎熬，但這才是真實的人生。」人無壓力輕飄飄，事實上，有壓力並不是一件壞事，它很可能就是成就你輝煌的最雄厚資本。

一頭驢與兩頭驢

某人到學校去求見老師，想送他兒子到學校讀書。

老師說：「很好，只是你要交十個第納爾的學費。」

「什麼，十個第納爾？這麼多呀！我可以用它買一頭驢了。」

老師回答說：「假如你真用這十個第納爾去買驢，而不讓孩子讀書，那你們家就會有兩頭笨驢了。」

不讀書的孩子是一頭「笨驢」，這話雖說得有點傷人，但道理上還是站得住腳的，這也是每一個國家如此重視教育的原因。

其實，不光孩子要上學讀書，已從學校畢業的人也仍然需要繼續讀書。知識的更新速度日益加劇，不注意時刻學習的人，用不了三五年就會跟不上時代的步伐。

程頤說：「外物之味，久則可厭；讀書之味，愈久愈深。」張竹坡說：「讀到喜、怒俱忘，是大樂處。」陸雲士說：「讀《三國志》，無人不為劉；讀《南宋書》，無人不冤岳。庸人不知其怒處亦樂處耳。怒而能樂，唯善讀史者知之。」蘇東坡說：「腹有詩書氣自華。」衣著，賦予你外在的美；讀書，才能帶給你氣質的美。擁有了書，生命也就有了寄託。

一頭驢與兩頭驢

俄國大文豪托爾斯泰酷愛博覽群書。在他的私人藏書室，參觀者可以看見十三個書櫥，裡面珍藏著兩萬三千多冊二十餘種語言的書籍，這些藏書為他的創作提供了大量的素材，據說他喜歡把書借給別人看，與他人共享讀書的快樂。

讀書，是美麗的行為。在讀書中，天上人間，盡收眼底；五湖四海，就在腳下；古今中外，醒然可觀。讀書，讓我們懂得了什麼是真、善、美，什麼是假、醜、惡；讀書，讓我們豐富了自己，昇華了自己，突破了自己，完善了自己。

寒夜孤燈，捧書卷，聞墨香，那感覺如同盛夏裡飲用冰涼的飲料，甜滋滋、涼悠悠。讀書的感覺，愛讀書的人才獨有；讀書的快樂，在求知的過程中。讀書，讓你品味人生的酸甜苦辣，品味生活中的各色景觀。

能夠讀書，是件快樂事；能夠讀上一部妙書，那就更是一種幸福了。但是，對於那些蠅營狗苟、急功近利之徒來說，倒也未必如此。所以，這讀書的快樂也是因人而異的，就因為幸福只是心靈的感受。人的心靈有著不同的境界和模式，所以幸福的程度或者感受也有著相當大的差異。

人是需要讀書的，尤其是在富了物質窮了精神的時代，許多人在生活中迷失了方向，透過讀書可以把自己從物慾名利中拔出來，重新塑造美好的生活觀念。古今中外名人在讀書中都有極精彩的話語，唐朝皮日休讚美讀書的好處：「唯文有色，豔於西子；唯文有華，秀於百卉。」英國劇作家莎士比亞談道：「書籍是全世界的營養品。生活裡沒有書籍，就好像沒有陽光；智慧裡沒有書籍，就好像鳥兒沒有翅膀。」

讀書有三大快樂。

讀書的快樂之一是：我們每一個人在現實生活中的提升，都與書籍有著密切的關聯。書籍是我們認識現實的橋梁，書籍使我們脫離矇昧走向文明。透過讀書我們可以上知天文下知地理，可以穿越時間隧道去體驗春秋戰國時代的連綿戰火，觀望盛唐的繁榮；讀凡爾納、柯南道爾的科幻小說把我們提前帶入縹緲而又精彩的未來世界。

讀書的快樂之二是：書籍是一面鏡子，作者在書中表現的堅毅的品性、開闊的胸襟、積極的志向，透過閱讀可以照見自己的缺點。日復一日地閱讀下去，我們會被書籍中積極健康的內容潛移默化，逐漸形成全新的道德觀念和行為準則。讀書是讀者與作者交流的過程，我們在閱讀中進入了作者的心靈世界，在不斷汲取的同時還要學會揚棄，這樣讀書就變成了積極的參與。

讀書的快樂之三是：書籍並不總是在於我們記住了書中的內容，更重要的是給予我們的啟示。一本好書就像一個掘寶人，開採出隱藏在我們心中的寶藏，要是我們能夠得到掘寶人的話，大多數人心中都有可供挖掘的寶藏。我們在書裡常常能發現我們所想和所感受到的，只是我們沒有表達出來而已。讀書喚醒我們潛在的能力，在書裡我們認識了自己。

讀書最快樂的境界莫過於進入美感境地，但應該是沒有功利目的的時候，並且只讀自己喜歡的書。讀對人有正面影響的好書是一生中的幸事，有可能從此你的世界觀會有很大的不同。書是作者智慧的結晶，是對人生經過沉思後精心篩濾過的自我陳述，所以經常讀書是完成思想成熟的捷徑。

有人把一生不愛讀書的人比做囚徒，他們囚幽在自我和無知的牢籠裡，他們會經常地抱怨：「生活淡而無味，工作週而復始。」他們一定無法感到快樂，因為他們把自己套在一成不變的生活程式裡，更多地關注於利益和得失，不僅對於外界的精彩無知無覺，而且忽視了生活中的點滴快樂，這種損失是非常可怕的。

生活中我們離不開陽光空氣，同樣，離開書本的日子也會是最乏味的，與書相伴的人生才最有意義。懂得生活的人就會懂得書中的美妙，願你我都珍惜讀書時間。拿起心愛的書本，閱讀吧。

●這裡沒有叫「隨便」的工作

露絲大學畢業後，想在電信業找一份工作，她的父親就介紹她去拜訪當時美國無線電公司的董事長薩爾洛夫。

薩爾洛夫非常熱情地接待了她，隨後便問道：「妳想在這裡做哪份工作呢？」

「隨便。」她答道。

「我們這裡沒有叫『隨便』的工作，」薩爾洛夫非常嚴肅地說道，「成功的道路是由目標鋪成的！」

露絲慚愧地低下了頭。

沒有奮鬥的方向，就會活得懵懵懂懂、混混沌沌；準確地掌握自己的喜好和追求，是走向成功的第一步！

人生有了明確的目標，就會有前進的動力；有了目標，內心的力量才會找到方向。人生就是大海上的一條帆船，在洶湧澎湃的浪濤中如何才能達到勝利的彼岸？有經驗的老水手會告訴你，無論在什麼樣的地域裡航海，在海岸的某一個地方，永遠都有一樣東西會為你指引正確的方向——那就是航標燈塔。

訂定一個可以實現的目標，然後不斷地向其靠近，正如古語說：「無論抓在手裡的是什麼，別忘了最終的結果，那你就不會失去什麼了。」當然人們在實現自己目標的過程中，很可能會遇到各式各樣的挫折和困難，所以要進行成功路上的方向修正，因為對於正在跋山涉水的人來說，最重要的不是憂慮目標有多遙遠，而是要學會對準目標，然後再一步一步地走下去。

●不知該射哪一個

在一個秋高氣爽的日子，喜好打獵的楚王又帶領著他的文武百官，在遼闊、茂密的皇家園林中進行大規模的狩獵活動。

只見楚王騎著高頭駿馬，手握強弩利箭，昂首挺胸，顯得精神煥發，神采飛揚。可是在樹林中馳騁了很長一段時間後，卻沒有發現一隻獵物。為了不至於乘興而來，敗興而歸，楚王命令管理這片園林的官吏把飛禽走獸從山林湖澤中都驅趕出來。於是，這些官員紛紛動用各種手段，或是敲鑼，或是打鼓，連吹帶喊。別說，這一招還真見效。受到驚嚇的動物們，紛紛從自己藏身的地方跑了出來。鳥兒在天上飛來飛去，野豬、野兔們也紛紛地向外逃竄。楚王一見這種局面，開心得不得了，心想這一次可以大展身手了。他調整了一下自己的弓箭，準備向動物們發起攻擊。這時，一隻漂亮的野雞忽然從樹林中鑽了出來，楚王張弓搭箭，瞄了瞄準，深吸一口氣，默默在心裡數著一、二、三，正要射去，突然，從他的左方躥出了一隻梅花鹿，又從他的右方跑出一匹怪異的「四不像」。他開始左右搖擺，拿不定主意。忽然又聽到天空中一陣風響，抬頭望去，一隻雪白的天鵝迅速地從他身旁的紅色大旗上輕輕掠過，巨大的翅膀伸張開來，就好像天邊美麗的雲彩一樣好看。楚王呆呆地將箭搭在弓上，心裡面頓時亂了套，不知道該先射哪一個好。

大臣們等了很長一段時間，還不見楚王發箭，都感到很奇怪。這時，在旁看了很久的著名神射手養由基走了過來。他問道：「大王，有這麼多的獵物，您怎麼還不趕快射呀。等一下牠們再躲起來，可就不好辦了。」楚王喃喃地說：「這麼多的獵物，我實在不知道該射哪一個好。」

養由基沉思了一下，對楚王說：「陛下，臣在射箭的過程中總結出一個經驗：如果只掛一片樹葉在百步之外，那麼只要你聚精會神，瞄準目標，就會百發百中；但是，如果掛十片樹葉在對面，那麼命中率就會很低，因為人的注意力就不知道集中在哪片樹葉上好了。打獵其實也是這個道理，必須瞄準目標，才能箭箭命中，不會虛發。陛下剛才恐怕就是心裡決定不下該先射哪知好吧。」

聽了養由基的分析，楚王連連點頭稱是，說：「你的分析很有道理呀，我以後不會再這樣了。」打這以後，楚王狩獵時再也不左顧右盼，而是確定目標，快速出箭了。

我們把一生的時間當作整體運用時，首先要考慮用在哪裡，也就是說首先要選好目標。著名的博物學家拉馬克的一生，清楚地說明了在科學上「南思北想」是無所作為的，只有選擇好目標，專心致志才能衝破人生難關，才能獲得成功。

古往今來，凡是有成就的人，都很注意把精力用在一個目標上，專心致志，集中突破，這是他們成功的最根本原因。歷史上不少人被埋沒，除了社會原因之外，沒有找到他們為之獻身的具體目標，便是重要原因。曾經有人問牛頓怎樣發現了「萬有引力定律」，他回答說：「我一直在想著這件事。」成功者們始終將目光集中在他們的目標上，他們常常在向目標奮進的過程中運用想像提醒自己目標所在。

皮魯克斯指出：「如果你能夠將自己的努力始終集中在你的目標和最重要的事情上面，也就沒有什麼東西能夠阻止你衝破人生難關了。」

●沒有第二次選擇

幾個學生向蘇格拉底請教人生的真諦。

蘇格拉底把他們帶到果林邊。「你們各順著一行果樹，從林子這頭走到那頭，每人摘一枚自己認為最大最好的果子。不許走回頭路，不許作第二次選擇。」蘇格拉底吩咐說。學生們出發了。他們都十分認真地進行著選擇。等他們到達果林的另一端時，老師已在那裡等候著他們。「你們是否都選擇到自己滿意的果子了？」蘇格拉底問。「老師，讓我再選擇一次吧！」一個學生請求說，「我走進果林時，就發現了一個很大很好的果子，但是我還想找一個更大更好的。當我走到林子的盡頭後，才發現第一次看見的那枚果子就是最大最好的。」其他學生也請求再選擇一次。

蘇格拉底堅定地搖了搖頭：「孩子們，沒有第二次選擇，人生就是如此。」

人生沒第二次選擇，當你看準了那枚鍾愛的果子，應該馬上擷取。愛情如此，事業亦如此。不要躊躇，不要幻想，好好地活在當下，把握當下。

●為什麼不進去看看

在很久以前，有一座很堅固的城堡，城堡裡有什麼，誰也不知道，只是流傳著美麗的傳說，有一天，有一個年輕人來到城門口，門口聳立著一個巨人，橫眉豎眼，執戟而立，令人望而卻步。年輕人很膽怯地挪到門口，小聲地問：「你可以讓我進去嗎？」「可以，不過要看你有多大的本事。而且，裡面還有很多門，我只是其中的一個門衛而已。」年輕人想了想就退了回來。

第二天，他仍在門外向門內張望，但一想起那個門衛便又膽怯了。第三天，他又在門外徘徊，但是門衛毫無表情的臉又一次擊碎了他想進去的夢。幾番寒暑交替，年輕人早已到了「兩鬢若霜髮如雪」的年紀，但他仍然不知道城裡面究竟是什麼。在他生命結束時，門衛嘆道：「你在門口猶豫了幾十年，為什麼不進去看看？」

是啊，為什麼不邁出一步跨進城門呢？萬事開頭難，第一步確實很難，因為如果不成功，就會丟人現眼被人取笑，但我們為何就不能「走自己的路，讓別人去說」呢？那個年輕人如果邁出第一步，也許早就別有一番「景致」在心頭了，可惜的是他並沒有為了那個「神奇的傳說」努力去尋找。

有希望就有失望的風險，嘗試也有失敗的可能。但是不嘗試如何能有收獲？不嘗試怎麼能有進步？不做也許可以免於受挫折，但也有可能失去學習或愛的機會。一個把自己限於牢籠中的人，是生活的奴隸，無異於喪失了生活的自由。只有勇於嘗試的人，才擁有生活的自由。

巴士卡利亞在小時候，人們常常告誡他，一旦選錯行，夢想就不會成真，並告訴他，他永遠不可能上大學，勸他把眼光放在比較實際的目標上，但他沒有放棄自己的夢想，不但上了大學，還拿到了博士學位。當他決定拋棄已有的一份優越工作去環遊世界時，人們說他最終會為此後悔，並且拿不到退休金，但他還是上了路。結果，回來後不但找到了一份更好的工作，還拿到了退休金。當他在南加州大學開辦「愛的課程」時，人們警告他，他會被當作瘋子。但他覺得這門課很重要，還是開了。結果，這門課使他改變了一生。他不但在大學中教「愛的課程」，還到廣播電臺和電視臺中舉辦愛的講座，受到美國群眾的歡迎，成為家喻戶曉的愛的使者。他說：「每件值得的事都是一次冒險。怕輸就錯失遊戲的意義。冒險當然會帶來痛苦的可能，可是從來不會冒險的空虛感更痛苦。」

事實上，無論我們選擇試還是不試，時間總會過去。不試，什麼也沒有；試，雖然有風險，但總比空虛度日要豐富，總會有所收穫。

柯先生在政府機關裡有一個理想的職位，但是他想當自己的老闆，便辭職經營自己的小生意。他問自己：如果失敗了，最壞的事情是什麼呢？他想到了傾家蕩產。然後他繼續問自己同樣的問題：傾家蕩產後最壞的事情是什麼？答案是他不得不做任何能賺錢的工作。之後，最壞的事情可能是他又厭惡這種工作，因為他不喜歡受雇於別人。最終，他會再找一條路去經營自己的生意，而這一次，有了上一次失敗的教訓，他懂得了如何避免失敗而努力使自己成功。這樣想過之後，他採取了行動，去經營自己的生意，並真地獲得了成功。他總結說：「你的生活不是試跑，也不是正式比賽前的準備運動。生活就是生活，不要讓生活因為你的不負責任而白白流逝。要記住，你所有的歲月最終都會過去，只有做出正確的選擇，你才配說你已經活過了這些歲月。」艱苦的選擇，如同艱苦的實踐一樣，會使你全力以赴，會使你有力量。躲避和隨波逐流是很有誘惑力，但是有一天回首往事，你可能意識到：隨波逐流也是一種選擇——但絕不是最好的一種。

只有當我們選擇嘗試時，我們才能不斷發現自己的潛力，從而找到最適合自己的事業。

美國畫家惠斯勒（James McNeill Whistler）最初想當軍人，後來因為他化學不及格，從軍官學校退學。他說：「如果矽是一種氣體，我應該已經是少將了。」

司各特（Sir Walter Scott）原想作詩人，但他的詩比不上拜倫，於是他就改寫小說。

有一位師範學校畢業的學生，不想當中學老師，便辭去工作進入商界，後又當記者，還曾一度在政府機關任職。他先後換了六種不同的職業，最後發現自己最喜歡、最能發揮潛力的還是當中學老師，於是，又回到了原來的工作中。許多人就是這樣東試西試，最後才找到了自己的真正方向。與其讓時間白白流逝或在自己的虛擬的世界中猜想，不如到現實生活中勇敢地一試，而且，當真正選擇了行動時，我們會發現其實事情並沒有我們想像的那麼難。有一位名叫吳迪的新聞記者，極為羞怯怕生，有一天，他的上司叫他去採訪市長，吳迪大吃一驚，說道：「我怎能要求單獨訪問他？市長根本不認識我，他怎麼肯接見我？」在場的一個記者立刻拿起電話打到市長的辦公室，和市長的祕書說話，他說：「我是市報的吳迪。」（吳迪在一旁大吃一驚）「我奉命採訪市長，不知道他今天能否接見我幾分鐘？」他聽對方答話，然後說：「謝謝你，下午一點，我會按時到。」他把電話放下，對吳迪說：「你的約會安排好了。」事隔多年，吳迪提到：「從那時起，我學會了單刀直入的辦法。做來不易，卻很有用。我每次克服了心中的畏怯，下次就比較容易一點。」

●應該是今天

一位年輕人獨自來到一處遊人罕至的花園，老園丁打開沉重的大門請他進去，並帶他參觀花園。

「你住在這裡多久了？」年輕人問。

「前後二十四年。」

「在這段時間裡，主人常來嗎？上一次是什麼時候來的？」

「十二年前。」

「主人時常寫信給你嗎？」

「他從來不寫信。」

「那麼誰付薪水給你呢？」

「他的代理人。」

「代理人常來這裡嗎？」

「他也沒來過，我每個月去他那裡領薪水。」

「那麼誰會來呢？」

「我幾乎都是獨自一人生活，即使陌生人也很難得見到。」

「可是你把花園整理得井然有序，樹木扶疏茂盛，好像等候主人明天駕臨。」

「先生，應該是今天！我每天都認為主人會在今天蒞臨。」老人如此回答。

「是的，老人家，主人今天就在你面前。」年輕人說完，拿出了父親的遺囑，告訴他代表父親接管這個花園，同時為了表達對老園丁幾十年如一日地照顧花園的謝意，將花園贈送給了老園丁。

許多人錯過了機會，就是缺乏這位老園丁「生活在今天」的警醒。他們總是埋怨昨天，寄希望於明天，說「我下一次一定要如何」或者「從今後我一定要如何」的話，結果是讓今天從眼下白白流過。我們的時間是以光速飛馳的，錯過就永遠不會再擁有。所以，生活是在一個只有今天的密封艙裡，只有抓住了今天的二十四小時，機會女神就沒辦法從你手中逃走。那些功成名就的人物絕大多數都是孜孜不倦、勤勉不輟的工作者，他們充分利用了每天的時間，或是學習，或是工作，進行自我提升。

●野菜與蔬菜

有一天，園丁在菜園子裡澆水，一位路人走上前，向他請教：「你看那些野菜，既沒有人去種它們，也沒有人去管它們，可它們都長得生機勃勃，而人們栽種的蔬菜卻常常枯萎。你說這是為什麼呢？」

園丁不假思索地回答說：「道理很簡單，因為前者有上帝的庇護，而後者卻是人工培育的，經不起雨雪風霜。」

要做野外的參天大樹，不要做溫室裡的花朵。

「舜發於畎畝之中，傅說舉於版築之間，膠鬲舉於魚鹽之中，管夷吾舉於士，孫叔敖舉於海，百里奚舉於市。故天將降大任於斯人也，必先苦其心志，勞其筋骨，餓其體膚，空乏其身，行拂亂其所為；所以動心忍性，曾益其所不能。人恆過，然後能改；困於心，衡於慮，而後作；徵於色，發於聲，而後喻。入則無法家拂士，出則無敵國外患者，國恆亡。然後知生於憂患，而死於安樂也。」

這是《孟子》中的〈告子下〉，其大意是這樣的：

舜是從農活起家而當天子的，傅說是在築牆的工人中被舉用為相的。膠鬲是從販賣魚鹽的商販裡被舉用的，管夷吾是從獄官看管的囚犯中被舉用的，孫叔敖是在海邊被舉用的，百里奚是在市場上被舉用的。所以上天要把重任交給某個人時，一定先使他的心志困苦，使他的筋骨勞累，使他的軀體飢餓，使他的身家困乏，擾亂他，使他的所作所為都不順利，為的是要激發他的心志，堅韌他的性情，訓練他所欠缺的能力。人常常發生錯誤，然後才能改正；人因困頓不暢，思慮壅塞不通，然後才能奮發振作；察看人家的臉色，辨別人家的聲音，才能通曉別人的真偽。國內沒有守法的世臣和輔弼賢士的諫，國外沒有敵對的勢力和外來的憂患，這個國家肯定會滅亡。我們知道：在憂患的環境中才能生存，在安樂的環境中便會滅亡。

其實這篇文章我們很多人都在中學時代讀過，而之所以在高中課本就收入這一篇文章，是因為這篇文章的價值，可惜高中生還不算經歷過人生，根本無從體會孟子的苦口婆心。不過，中學時代不懂得這篇文章的價值沒關係，現在你已踏入社會，再回頭來讀它，一點也不遲。

這篇文章有幾個很好的觀念，值得記在心裡，時時反思。

✧ **所有的困苦都是為了磨練心志和能力**：當然，這並不一定是「上天」的意思，但我們可以相信一件事：凡是在困苦的環境中沒被擊倒，並且更加奮發的，都能有百折不撓的韌性和堅持到底的毅力；而惡劣環境一再的磨練，也提升、強化了他的能力和見識；這些正是負重大責任的必要條件。所以走過困苦的人，必能承擔大任，而這就是成功的本錢！

✧ **安樂的環境會使人「死亡」，「死亡」也可解釋為「退步」、「墮落」、「被淘汰」：**當然，日子過得舒服不是壞事，但如果缺乏危機意識，便很容易退步，趕不上時代的腳步，經不起環境的變動。很多個人的頹廢、家道的中落、公司的破產、國家的滅亡，都是因為如此！

●狼的自薦

獅子是動物王國裡的大王，為了更好地統治牠的臣民，獅子大王決定挑選一個親信大臣，幫牠管理各種事務。

獅子思來想去，覺得狼和狐狸都是很好的人選，實在難以取捨。

正當獅子大王為這件事情苦惱的時候，狼先得到了消息，匆匆忙忙趕來，向獅子自我推薦說：「首先得要勇猛，這樣才能護駕，而狐狸比我差得遠了！」

「小子，你也未免太小瞧本王了吧！我還需要你的保護嗎？」獅子大王說，「我需要的是謀略，你能跟狐狸相比嗎？」

狼灰溜溜地走了，於是獅子委任狐狸為親信大臣。

亨利．福特說：「如果說為人處世成功有任何祕訣的話，就是先要了解對方的觀點，並且從他的角度和你的角度來觀察事。」這句話很有參考價值。

這句話雖然簡單明顯，任何人應該第一眼就能看出其中的道理；但是世界上有百分之九十的人在百分之九十的時間裡，卻忽視了其中的道理。

其實想贏得別人的幫助同樣是這個道理。譬如說，當你不讓一位國中生學抽菸，別跟他講什麼大道理，只要讓他知道，抽菸會使他無法加入籃球隊或贏得百米競賽，而加入校隊會更容易贏得女孩子們的青睞。

我們要善於從他人的角度考慮問題。有些時候，我們很難用一個簡單的對與錯來衡量某一事物，如果我們考慮的角度不一樣，結果當然也不一樣。因此，當面對某一問題時，如果僅僅從自己的角度去考慮，而不從他人的角度，往往就會適得其反，以致做錯事情，傷害他人。凡事設身處地，換一角度想想，原本疑惑不解的問題可能就變得豁然開朗了。

對方為什麼會有這樣或那樣的想法和行為，其中自有一定的原因，探尋出其中隱藏的原因來，便得到了解他人行動或內心的鑰匙，而要找到這種鑰匙，就必須誠懇地將自己放在他人的位置上。

獨臂男孩

一個十歲的日本小男孩，在一次車禍中失去了左臂，但是他很想學柔道。

最終，小男孩拜一位柔道大師為師，開始學習柔道，他學得不錯，可是練了三個月，師傅教了他一招，小男孩有點不明白了。

他終於忍不住問師傅：「我是不是應該再學學其他招術？」

師傅回答說：「不錯，你的確只會一招，但你只需要會這一招就夠了。」

小男孩並不是很懂，但他很相信師傅，於是就繼續照著練了下去。

幾個月後，師傅第一次帶小男孩去參加比賽。小男孩自己都沒有想到居然輕輕鬆鬆地贏得了前兩輪。第三輪稍稍有點艱難，但對手還是很快就變得有些急躁，連連進攻，小男孩敏捷地施展出自己的那一招，又贏了。就這樣，小男孩迷迷糊糊地進入了決賽。

決賽的對手比小男孩高大、強壯許多，也似乎更有經驗。有一度小男孩顯得有點招抵不上，裁判擔心小男孩會受傷，就叫了暫停，還打算就此終止比賽，然而師傅卻不答應，堅持說：「繼續下去！」

比賽重新開始後，對手放鬆了戒備，小男孩立刻使出他的那一招，制伏了對手，由此贏得了比賽，得了冠軍。

回家的路上，小男孩和師傅一起回顧每場比賽的每一個細節，小男孩鼓起勇氣道出了心裡的疑問：「師傅，我怎麼就憑一招制勝？」

師傅答道：「有兩個原因：第一，你幾乎完全掌握了柔道中最難的一招；第二，就我所知，對付這一招唯一的辦法是對手抓住你的左臂。」

把最大的劣勢變成了自己最大的優勢，這就是他之所以成功的祕訣。

●這是你的房子

有個老木匠準備退休，他告訴老闆，說要離開建築行業，回家與妻子兒女享受天倫之樂。老闆捨不得木匠，再三挽留，但木匠決心已下不為所動。老闆只得答應，卻又問他是否可以幫忙再建最後一座房子，老木匠只得答應了。

在蓋房過程中，老木匠的心其實已不在工作上了，選材也不那麼嚴格，做出的結果也全無往日水準，敬業精神已不復存在。

老闆並沒有說什麼，只是在房子建好後，把鑰匙交給了老木匠。

「這是你的房子，」老闆說，「是我送給你的禮物。」

老木匠愣住了。他的後悔與羞愧使自己恨不得找個地縫鑽進去。老木匠一生蓋了無數的好房子，最後卻為自己建了這樣一座粗製濫造的房子。

老木匠因為自己未將「敬業」在工作中貫徹到最後，因而留給自己巨大的悔恨。

所謂「敬業」就是敬重你的工作。「敬業」在心理上有高低兩個層次，低層次是「拿人錢財，為人工作」，也就是「敬業」是為了對老闆有個交代，或者說為了保住「飯碗」；高層次是把工作當成自己的事，甚至摻進了使命感和道德感。而不管是哪個層次，「敬業」所表現出來的就是認真負責——認真做事，一絲不苟，並且有始有終。

大部分的年輕人做事都是為了雇主而做，不過這沒關係，他出錢你出力，本該如此。但也有些人認為能混就混，反正老闆倒了又不是我賠。這種想法其實對自己也並沒有什麼好處，「敬業」看起來是為了老闆，其實也是為了自己，因為敬業的人能從工作中學到比別人多的經驗，而這些經驗便是向上發展的踏腳石，就算自己以後從事不同的行業，所掌握的工作方法也必會為自己帶來助動力。因此，把敬業變成習慣的人，從事任何行業都容易成功。

有人天生就有敬業精神，任何工作一接上手就廢寢忘食，但有些人的敬業精神則需要培養和鍛鍊。如果你自認為敬業精神不夠，那麼就應趁年輕的時候學會敬業，以認真負責的態度做好每一件事！經過一段時間後，敬業就自然會變成你的習慣。

把敬業變成習慣之後，或許不能為你馬上帶來好處，但可以肯定的是，那些把「不敬業」變成習慣的人，他們的成就一定是有限的，因為他的散漫、馬虎、不負責任的做事態度已深入他的意識與潛意識，做任何事都會有「隨便做一做」的直接反應，結果不問也就可知了。如果讓惡習繼續下去，很容易就此蹉跎一生。

所以，「敬業」從短期來看是為了雇主，但從長期來看可是為了自己呀！

此外，敬業的人還有其他好處：容易受人尊重。就算工作績效不怎麼輝煌，但別人也不會去挑你的毛病，也容易受到提拔。老闆或領導者都喜歡敬業的人，因為這樣的下屬正是自己的「左膀右臂」。

現在的工作機會難得，千萬不要以為到處都有「留爺處」而對目前的工作漫不經心，也不要因為不怎麼喜歡目前的工作而過一日混一日，應該趁此機會，磨練、培養自己的敬業精神，這是將來可以用得上的無形資產。

我們欽佩的是那些不論老闆是否在辦公室都會努力工作的人，敬佩那些盡心盡力完成自己工作的人。這種人永遠不會被解僱，也永遠不會為了要求加薪而罷工。他在每個城市、村莊、鄉鎮，以及每個辦公室、商店、工廠，都會受到歡迎，世界上急需這種人才。初入社會，如果想成功，就必須成為這樣的人。

小偷訓斥曾國藩

曾國藩是中國近代史上最有影響的人物之一，然而他小時候的天賦並不高。有一天在家讀書，一篇文章重複了不知道多少遍還在朗讀，因為他還沒有背下來。這時候他家來了一個小偷，潛伏在他的屋簷下，希望等讀書人睡覺之後撈點好處。可是等啊等，就是不見他睡覺，還是翻來覆去地朗讀那篇文章。

小偷大怒，跳出來訓斥說：「你這麼笨，還讀什麼書？」然後小偷就將那文章背誦一遍，揚長而去！

小偷的確是很聰明，至少比曾國藩聰明，但是他只能成為賊，而曾國藩卻成為中國近代史上非常卓越的人物。他做人、做官、做學問都很成功，成為很多有志者的楷模。

「勤能補拙是良訓，一分辛苦一分才。」任何一件事情，只要勤力做到極致，自然就會有所得——所謂「天道酬勤」，就是這個道理吧。沒有人能只依靠天分就取得成功，勤奮才是最重要的。小偷再聰明，但他不勤奮，所以只能過著竊盜生活，最後不知所終。

可見，偉大的成功和辛勤的勞動是成正比的，一分耕耘一分收穫，日積月累，從少到多，奇蹟就可以創造出來。

好，好，好

老喬是列車尾車上的訊號員，火車上的人都非常喜歡他，旅客們也非常喜歡他，因為他總是樂呵呵的，無論你問他什麼問題，他都樂意回答。但他沒有意識到自己作為一個訊號員的真正職責是什麼。

他總是過於鬆散，有時候還喝點酒。要是有人提醒他，他就綻放出燦爛的微笑，用極其平和的語調說：「謝謝你的關心，沒關係的，我感覺好極了，不用擔心。」他的語調是那麼的平和，那麼的輕描淡寫，以至於連提醒他的朋友都覺得自己是不是有點小題大做了。

在一個寒冷的晚上，路上遇到了大風暴，列車誤點了。老喬開始不停地發著牢騷，抱怨這個鬼天氣讓自己多了許多額外的工作，他不時偷偷地從一個小瓶子裡往嘴裡倒一點酒，過沒多久，他開始興奮起來，又開始說說笑笑了，而列車上的其他列車長與司機一直都保持著高度的警惕，密切地注視著路面情況與天氣變化。

就在列車行駛到兩個火車站中間的時候，列車突然間停下了。原來是機車引擎的汽缸蓋爆裂了。情況十分危急，因為過幾分鐘就有一輛快車要從同一條軌道上經過。列車長飛快地跑到後車廂中去，告訴老喬趕快打開紅燈讓快車停下來。老喬憨憨地笑著說：「好，好，好，不過別急，等我把外衣穿上再說。」

列車長非常嚴肅地對他說：「一分鐘也不能延誤，老喬，那輛快車就要開過來了。」

「好，好，好。」老喬微笑著答應。於是，列車長又匆匆跑回到司機那。

可是，老喬並沒有立刻做這件事。他先停了下來，穿好他的外衣。然後，又把那一小瓶酒拿出來喝了一口，認為這樣可以禦寒。做完了這些後，他才慢吞吞地拿起號誌，一邊自在地吹著口哨，一邊沿著火車軌道悠閒地慢慢走。

他走不到十步遠的時候，就聽見了那輛快車呼嘯而來的聲音。他對迎著開來的快車，拚命地揮著號誌跑，然而已經太遲了。可怕的事情發生了！那輛飛馳的快車撞在了停著的列車上，將列車擠成一團，旅客的尖叫聲與鋼鐵的碰撞聲交織在一起，一片混亂與狼藉。

人們第二天在一個角落裡找到了老喬，他已經變成了一個瘋子，手裡拿著一個早已經不亮的號誌，朝著他幻想中的火車不停地喊著：「嗨，沒看見我有這個嗎？」

他被送進了瘋人院，但他那散漫的習慣和自我放縱卻奪去了許許多多無辜者的生命。

「在我們的生命中，總有一些時刻能抵得上許多年的時間。」一位成功人士曾經這樣說過。「無論是就重要性而言還是就價值而言，世界上沒有什麼能夠與時空相比。一個小小的失誤，可能就發生在一分鐘內，然而，這就涵蓋了一個人的一生。可是，誰又能夠預料到，這個時候就是我們生死攸關的時刻呢？」

有人提出「成功是一種習慣」的觀點，反過來看，失敗也是一種習慣。一個人的習慣左右了眾多點點滴滴的小事的發展方向，而好運或厄運往往就潛藏在這些所謂的小事當中。老喬因為做事拖拉釀成了悲劇，而一個年輕人因在面試離開時撿起地上一枚圖釘而受重用——這些行為造成了兩種不同的人生，而造成不同結果的都是習慣！

從現在開始，摒棄認為某些事無關緊要的壞習慣，逐漸養成好的習慣，相信自己的亮麗人生會在不知不覺的改變中悄然而至。

●明天吧

「那天晚上碰到了不幸的『中美洲』號。」船長藍斯頓講述道，「天正漸漸地黑下來，海上風很大，海浪滔天，一浪比一浪高。我發給那艘破舊的汽船一個信號，問他們需不需要幫忙。」

「情況正變得越來越糟糕。」「中美洲」號的亨頓船長朝著藍斯頓喊道。

「那你要不要把所有的乘客先轉移到我的船上來呢？」藍斯頓大聲地問他。

「現在不要緊，你明天早上再來幫我好不好？」他回答道。

「好吧，我盡力而為，試一試吧。可是你現在先把乘客轉移到我的船上不是更好嗎？」藍斯頓回答他。

「明天吧！你還是明天早上再來幫我吧。」亨頓船長依舊堅持著。

藍斯頓曾經試圖向他靠近，但是，那時是在晚上，夜又黑，浪又大，藍斯頓見亨頓船長這樣固執地堅持，也只好放棄。

後來藍斯頓就再也沒有見到過「中美洲」號了。就在亨頓船長與藍斯頓對話後的一個半小時，「中美洲」號連同船上那些鮮活的生命都永遠地沉入了海底。

亨頓船長在曾經離他咫尺卻被他忽略了的機會變得遙不可及的時候，可能才明白了這個機會的價值，然而，在他面對死神的最後時刻，他即使深深的自責又有何用呢？他的盲目樂觀與優柔寡斷使得多少乘客成了犧牲品！其實，在我們的生活當中，又有多少像亨頓船長這樣的人，他們是多麼的盲目，在命運的面前又是多麼的軟弱無力啊！只有在經歷過之後，他們才頓然明白那句古老的格言：「機不可失，時不再來。」然而，這時已經太遲了。

對於不能利用機會甚至是不願利用機會的人來說，什麼才是最好的機會呢？曾經有成千上萬個蘋果從樹上掉落，也曾經有無數的蘋果砸在人的頭上，但只有牛頓看到蘋果落地時會問出「為什麼」並令他陷入深思。由此，他透過不斷觀察和研究才意識到，蘋果之所以會往下落而不是往上去或落到其他方向上，這一現象與所有的星體能夠在各自的軌道上正常運轉，以及宇宙中分子在不停地運動，卻沒有相互碰撞並糾纏在一起是同樣的道理。

牛頓之所以被世人稱為偉人，原因其實只有一個：他把世人眼中普通得不能再普通的情形變成了機會，從而成就一番大事業。

●虔誠的信徒

某地發生水災，整個鄉村都難逃厄運，村民們紛紛逃生。一位上帝的虔誠信徒爬到了屋頂，等待上帝的拯救。不久，大水漫過屋頂，剛好有一艘木舟經過，舟上的人要帶他逃生。這位信徒胸有成竹地說：「不用啦，上帝會救我的！」木舟就離他而去。片刻之間，河水已沒過他的膝蓋。剛巧，有一艘汽艇經過，拯救尚未逃生者。這位信徒則說：「不必啦，上帝一定會救我的。」汽艇只好到別的地方救其他的人。

幾分鐘後，洪水高漲，已到信徒的肩膀。這個時候，有架直升飛機放下軟梯來拯救他。他死也不肯上機，說：「別擔心我啦，上帝會救我的！」直升飛機也只好離去。最後，水繼續高漲，這位信徒最後被淹死了。死後，他升上天堂，遇見了上帝。他大罵：「我誠心祈禱您的幫助，您卻見死不救。算我瞎了眼啦。」

上帝聽後叫了起來：「你還要我怎樣？我已經派了兩艘船和一架飛機給你！」

機會只敲一次門，年輕人應該善於當機立斷，抓住每次機會，充分施展才能，最終獲得成功，得到命運的垂青。

生活中有很多人一事當前總是舉棋不定、猶豫不決，這就是所謂的優柔寡斷。這種人在下決定前，一定要和他人商量，這種意志不堅的人，自己都不相信自己，更不會為他人所信賴。

優柔寡斷的壞處不只是成功的障礙，還會給人精神上的壓力。而通常，在慎重行事的同時，少一分顧慮，就多一分成功的可能。

但總是有些人的優柔寡斷簡直到了無可救藥的地步，他們不敢決定任何事情，不敢擔負起應擔負的哪怕一丁點責任。而他們之所以這樣，是因為他們不知道事情的結果會怎樣：究竟是好是壞，是凶是吉。他們常常對自己的決斷產生懷疑，不敢相信他們自己本身能夠解決重要的事情。因為猶豫不決、優柔寡斷，很多人使自己美好的想法陷於破滅。

對於年輕人來說，猶豫不決、優柔寡斷實在是個陰險的仇敵，在它還沒有傷害你、破壞你、限制你一生的機會之前，你要立刻把這一敵人置於死地。要想人生成功，就要逼迫自己訓練出遇事果斷堅定、迅速決策的能力，對於任何事情切不要猶豫不決。

當然，對於比較複雜的事情，在決斷之前需要根據各方資訊來權衡和考慮，運用自己的認知進行最後的判斷，一旦打定主意，就不要再更改，不再讓自己有回頭考慮、準備後退的餘地，一旦決策，就要排除雜念，付諸實施，並根據實際情況修正實施方案。只有這樣做，才能養成堅決果斷的習慣，既可以增加自己的自信，同時也能博得他人的信賴，有了這種習慣後，即便在一開始會做出錯誤的決定，但在過程中獲得的自信等種種心性，可以彌補因錯誤決策可能帶來的損失。這也是邁向成功之路的第一步。

一個人的成功與果斷決策的能力有著密切的關係。如果沒有果斷決策的能力，那麼你的一生，就像深海中的一葉孤舟，永遠漂流在狂風暴雨的汪洋大海裡，永遠到達不了成功的目的地。

●不同命運的犁

兩張犁，用同一塊鐵鑄成，由同一個工廠鍛造。其中一張犁到了農人的手裡，馬上耕作起來；而另外一張犁為了偷懶，趁郵差的疏忽躲進一堆雜草。

經過一段時間，當光亮的犁劃過布滿荊棘的雜草叢時，兩張犁偶然又碰在一起了。那張曾經是農人手裡的犁，好像銀子似的鋥光閃亮，甚至比剛拿出工廠時更加光亮；而那張無所事事躲在雜草叢中的犁呢，卻變得黯然無光，上面布滿了鐵鏽。

「請問，你為什麼會那樣鋒利？」那張生滿鏽的犁問它的老朋友。

「這是由於勤勞工作的關係，」那光亮的犁回答它說，「要是你生了鏽，變得反而不如以前的話，那是因為你老側身躺在那，什麼工作也不做。」

光亮的犁話音剛落，鋒利的刃就將那張生鏽的犁攔腰犁斷。

身體是越鍛鍊越健康，腦袋是越思考越靈光。不甘於平庸的有志者，要像勤勞的犁一樣，在不停的耕耘當中把自己打磨得光亮如鏡、鋒利如刃！

對於懶惰者而言，即使碰到千載難逢的機遇也毫無用處，而勤奮者卻能將最平凡的機會，變為千載難逢的機遇。想一想，塵世間有無數的工作在等人去做，而人類的本質又是那麼特別，哪怕是一句讚美的話語或是些許幫助，就會有助於別人力挽狂瀾或是讓他們邁向成功之路。上天賦予我們的才能是均等的，我們都有成就自己的可能。所以，不要等待機會出現，而要尋找機會，發現機會，創造機會，這就需要我們行動，需要我們智慧的行動，充滿愛心的行動和完全對自己負責的行動。只有你上路時，你才能領略一路風光美景。

惰性總是隱藏在你的內心深處，一帆風順的時候，你也許看不到它，而當你碰到困難、身體疲憊、精神萎靡不振時，它就會像惡魔一樣吞噬你的耐力，阻礙你走向成功，所以，我們必須克服它，要時刻想著從困難的漩渦中掙脫出來。

古今中外，凡事業有成者必有耐力，堅定執著、不屈不撓的鬥志是他們獲得成功的關鍵。發明大王愛迪生在分析自己的親身經歷時，不無感嘆地說：「世上哪有什麼天才。天才是百分之一的天分，加上百分之九十九的努力。」他告誡人們，要有所作為，就必須克服惰性，以飽滿的熱情，堅定執著地面對一切。

當你身心疲憊時，你會覺得連動一個小指頭都很吃力，可是靠著堅強的耐心，最終能夠完全按照自己的意志自由活動了，這就是克服惰性的耐力帶給你的成功！

縱觀古今，還沒有聽說過有哪一個懶惰成性的人取得過什麼成功。只有那些在困難和挫折面前全力拚搏的人，才有可能達到成功的巔峰，才有可能走在時代的最前列。對於那些從來不願接受新的挑戰，不敢正視困難與挫折和無法迫使自己去從事艱辛繁重工作的人來說，他們永遠不可能有太大成就。

所以，我們應該嚴格要求自己，不要放任自己無所事事地打發時光，不要讓惰性爬出來咬噬我們的鬥志；我們要學會調節自己的情緒，不管是處於什麼樣的心境，都要迫使自己去努力工作。

絕大多數的失敗者之所以失敗，是因為他們滋長了內心深處的惰性。他們不能獲得最後的成功，是因為他們不肯從事辛苦的工作，不願意做出必要的努力。他們所希望的只是安逸的生活，他們陶醉於現有的一切。身體上的懶惰懈怠、精神上的徬徨冷漠，對一切放任自流，總想逃避挑戰，去過一勞永逸的生活——所有這一切，使他們慢慢地變得默默無聞、碌碌無為。

一個人在工作上、生活上的惰性，最初的症狀之一就是他的理想與抱負在不知不覺中日漸褪色和萎縮。對於每一個渴望成功的人來說，養成時刻檢視自己抱負的習慣，並永遠保持高昂的鬥志是至關重要的。要知道，一切取決於我們的遠大志向，一個人如果胸無大志，遊戲人生，那就是非常危險的。要命的是，一旦我們停止使用我們的肌肉和大腦的話，原本具備的優勢和能力也會在日積月累之後開始生疏、退化，最終離我們而去。如果我們不能不斷地為自己的抱負加油，如果你不透過反覆的實踐來強化我們的能力，不徹底剷除隱藏在心底的惰性的話，那麼，成功就會變得離我們異常遙遠。

在我們周圍的人群中，由於沒有克服惰性，最後理想破滅，鬥志喪失的人多得數不勝數。儘管他們外表看來與常人無異，但實際上在他們心中曾經燃燒的熱情之火已經熄滅，取而代之的是無邊無際的黑暗。

對於任何人來說，不管他現在的處境是多麼惡劣，或者是先天條件多麼糟糕，只要有耐力，只要他能夠保持高昂的鬥志，熱情之火不滅，那麼他就大有希望；但是，如果他任由惰性蔓延，變得頹廢消極，心如死灰，那麼，人生的鋒芒和銳氣也就消失殆盡了。在我們生活中，最大的挑戰就是如何克服心底的惰性，保持高昂的鬥志，讓渴望成功的熾熱火焰永遠燃燒。

●漲了價的書

「那本書要多少錢？」一個在班傑明．富蘭克林書店的門廳徘徊了一個小時的男子問道。「一美元，」店員回答道。「要一美元！」那個徘徊了良久的人驚呼道，「你能便宜一點嗎？」「不能更便宜了，就得一美元。」這是他得到的回答。

這個頗有購買意願的人又盯了一下那本書，然後問道：「富蘭克林先生在嗎？」「在的，他正忙印刷間的工作。」店員回答道，「哦，我想見一見他。」這個男子堅持道。書店的老闆富蘭克林被叫了出來，陌生人再一次問：「請問那本書的最低價是多少，富蘭克林先生？」「一點二五美元。」富蘭克林斬釘截鐵地回答道。「一點二五美元！怎麼會這樣子呢，剛才你的店員說只要一美元。」「沒錯，」富蘭克林說道，「可是你還耽誤了我的時間，這個損失比一美元還要多。」

這個男子看起來非常詫異，但為了盡快結束這場談判，他再次問道：「好吧，那麼告訴我這本書的最低價吧。」「一點五美元，」富蘭克林回答說。「一點五美元！天哪，剛才你自己不是說了只要一點二五美元嗎？」「是的，」富蘭克林冷靜地回答道，「可是到現在，我因此所耽誤的工作和喪失的價值要遠遠大於一美元。」

這個男子默不作聲地把錢放在櫃臺上，拿起書本離開了書店。從這位深諳時間價值的書店主人身上，他得到了一個有益的教訓：從某種程度上來說，時間就是財富。

時間是如此寶貴，然而，浪費時間的人卻隨處可見。

在位於費城的美國造幣廠中，在處理金粉工廠的地板上，有一個木製的盒子。每次清掃地板時，這個格子就被拿了起來，裡面細小的金粉隨之被收集起來。日積月累，每年可以因此節約成千上萬美元。

事實上，每一個成功人士都有這樣的一個「盒子」，用於把那些零碎的時間，那些被分割得支離破碎的時間，都收集利用起來。等著咖啡煮好的半個小時，不期而至的假日，兩項工作安排之間的間隙，等候某位不守時人士的閒暇等等，都被他們很好得掌握運用。

《失樂園》（*Paradise Lost*）的作者彌爾頓是一位教師，同時他還是聯邦祕書和攝政官祕書。在繁忙的工作之餘，他利用一些零碎的時間，抓緊每一分每一秒，持續創作。

發明天文望遠鏡的伽利略同時也是一個外科醫生，他以專心致志的態度和常人少有的勤勞，擠出時間從事科學研究，充分利用一分一秒的時間進行思考、探索和研究，從而為後人留下了豐碩的成果。

在我們的周圍，有成千上萬的年輕男女對光陰的匆匆流逝視而不見、麻木不仁，不能好好珍惜時間。他們無法真正意識到時光如箭的殘酷，自信還有充裕的時間在等著他們，彷彿一個有錢人多點幾道好菜而並不在意它們是否會被倒掉一樣。當他們在毫無顧忌地虛擲大片大片的光陰時，另一些懂得時光如流水、年少難再來的人則在與時俱進，爭分奪秒。

許多偉人之所以能流芳百世，一個重要的原因就在於他們十分惜時，他們在有限的時間裡，充分利用上天賜予他們的每一分鐘，一刻不停地工作、進步，在歐洲文藝復興的時代，許多文學創作者同時又都是勤奮工作、恪盡職守的商人、醫生、政治家、法官或是士兵。

●推銷自己

一位畫家剛出道的時候，畫出來的畫好不容易託人代售，卻被閒置在畫廊一角，無人問津，還有許多畫廊不肯接受寄售。

畫家為了改變默默無聞的尷尬現狀，便委託朋友跑到各個沒有他的畫出賣的畫廊，聲稱要高價買他的畫。

畫家一而再，再而三地，用這種手法為自己的畫製造人氣。不久之後，畫廊工作人員開始注意到這位畫家的畫，不但四處收集購買，而且將他的畫放在畫廊顯著的位置上，大力向顧客推薦。於是，畫家的畫漸漸地由滯銷品變得奇貨可居啦！

在商品充沛的今天，商戰是無法避免的。想要在商戰中立足的商家，只有一個選擇才能使自己不被淹沒，那就是傳播自己。

有沒有發現，廣告時間越拉越長，廣告越做越精緻，廣告投入越來越嚇人。商家不惜血本來搶奪人們的眼球，目的很明確：使你認識它，記住它，購買它。在競爭同樣激烈的職場，你作為一件商品，要做的事情是完全一樣的。

盡快忘掉那些莫名其妙的老話吧！什麼「是金子總會發光的」，這些用來安慰失意者的止痛劑，居然被很多年輕人當作了滋補品。他們在阿Q精神的撫慰下，完全忘記了自己身處人生競技場，稍不留神就會被遺忘、被拋棄。

那些獲得成功的人士，從來就不會停止對自己的傳播，他們的目的很明確：被認識、被記住、被購買。他們的信仰是「是金子就趕快發光」。很難說他們的「才能」一定比你更強，但會吆喝的一定比不會吆喝的更容易賣掉。演員、歌手、律師等職業有誰能夠例外嗎？

除了不願意吆喝，更多人是因為不懂怎麼去吆喝。因為大多數人從小被教育做人最好謙虛一點、含蓄一點，推銷自己是被大家所不屑的。雖然人人都知道毛遂自薦的典故，可人們好像並不欣賞他。大家更喜歡像諸葛亮那樣被三顧茅廬，覺得那樣才有臉面。

可是細心的人會發現，今天他們要面對的挑戰，已經開始從「生產自己」向「銷售自己」轉移。你需要走出去，帶點微笑，張開嘴巴，勇敢而真誠地告訴別人你是誰？能為他們帶來什麼？為什麼你能？你想得到什麼？事情就這麼簡單：很多人不願開口，你開了口，你就成功了。

別太在乎你的面子，否則就不會有人在乎你是誰。想要證明你自己，最好先讓別人認識你、記住你，有誰會去購買他們不知道的商品呢？諸葛亮要是活到今天，他也得這麼做。

劉麗君從學校畢業進入社會工作沒有多久，在一家小型公司工作了一段時間之後，很幸運地透過了一家大型企業的面試，進入這家公司工作。

在上千人的大型公司工作，不像在小公司裡樣樣都得自己來，優點是可以專注於自己擅長的工作，缺點是公司人才眾多，自己所占的舞臺面積縮小了，不再像以前一樣可以揮灑自如。

對於一個新進職員來說，如何加強自己的競爭能力是必須要思考的問題。劉麗君心想，要讓高層主管知道我的能力，起碼先要讓他們認得我，公司這麼多人進進出出，能讓他們叫得上名字的下屬也沒有幾個。

但是怎麼才能夠讓高層主管認得我呢？劉麗君成天在心裡反覆思考著這個問題。

時間過得很快，又到年底了。依照慣例，公司根據年終盈餘發放年終獎金，大家也照樣按著「慣例」，不管拿多少獎金，也要對發放的獎金諷刺一番，好像不這麼做就不能表示出自己一年來工作的辛苦。

發放獎金之後的第二天，一封「感謝函」靜靜地躺在公司總經理和幾位高級主管的桌上，內容是感謝各位主管辛苦的指導和帶領，署名是劉麗君。

有一天，劉麗君在洗手間遇到總經理，總經理笑著對她說：「噢！妳就是劉麗君啊！」

類似劉麗君的職場困惑，不少年輕人也都有過。其實，在高層主管面前主動曝光自己的途徑很多，下面略舉一二：

「對我的工作您還有什麼建議和要求嗎？我真地很想知道！」

「您能告訴我還有什麼地方需要改進嗎？我會努力去做！」

「只要對我的表現不滿意就告訴我好嗎？請相信我能做好！」

我敢保證，沒有一個老闆會不喜歡如此主動的員工，但更重要的是你可以了解你的老闆究竟要什麼。這是一條捷徑，讓能力迅速提升並使你脫穎而出的捷徑。

只要看看那些頂尖的推銷員你就會明白，他們可能並不是學歷最高的、能力最強的、經驗最豐富的，但他們一定都了解客戶需要什麼並能設法滿足。

●讓貓吃安眠藥

一群老鼠因深受貓的襲擾，感到十分苦惱。於是牠們聚在一起開會，商量用什麼辦法對付貓的騷擾，以求平安。

會議上，老鼠們各有各的主張，但都被否決了。最後一隻小老鼠站起來提議，在貓的脖子上掛個鈴鐺，只要聽到鈴鐺一響，我們就知道貓來了，便可馬上逃跑。大家對他的建議報以熱烈的掌聲，並一致通過。

有一隻年長的老鼠坐在一旁，始終一聲沒吭。這時，牠站起來說：「小老鼠想出的這個辦法是非常絕妙的，也是十分有用的，但還有一個小問題需要解決，那就是：派誰去把鈴鐺掛在貓的脖子呢？」

年長老鼠的問題一下子把大家問倒了。老鼠們於是紛紛列舉了小老鼠的提議不能實行的理由，但小老鼠還是勇敢地站起來，說：「為什麼我們不找能實行的理由呢？」

眾老鼠靜了下來，冥思苦想之後，牠們竟真地想出了可以實行的理由：

「我們可以偷一塊臘肉和一片安眠藥，將安眠藥塞進臘肉中，趁貓外出時將臘肉放在貓窩裡。只要貓吃了有安眠藥的臘肉，我們就可以把鈴鐺掛在貓的脖子上。」

「告訴貓，牠若戴上鈴鐺會很帥。」

最後，老鼠們透過討論，一致同意讓貓吃安眠藥的方案。牠們想到、做到並且成功了。

很多時候，阻礙年輕腳步前行的不是沒有想法和創意，而是來自於傳統的桎梏、別人的質疑以及自我的否定。

鮑勃．普羅克特「三三三的故事」也告訴我們：我們可以做到任何事，只要我們把焦點放在「如何去做」，而不是想著「這是辦不到的。」那是發生在一次颶風襲擊之後，一個叫做巴爾的小鎮有十二人死亡，上百萬元的財產損失。普克特和廣播電臺的副總裁鮑勃，想利用在安大略至魁北克一帶的電臺幫助小鎮上的災民。鮑勃召集了無線電臺所有的行政人員到他的辦公室開會。他在黑板上寫下三個並列的「三」，然後他說：「你們想一想，我們如何能利用三個小時，在三天中籌到三百萬元好去幫助巴爾的災民。」會場一陣靜默。終於有人開口：「鮑勃，你太瘋狂了，你知道這是絕對不可能做到的。」

鮑勃回答：「等等，我不是問我們『能不能』或是我們『應不應該』，我只問你們……『願不願意』。」大家都異口同聲地說：「我們當然願意。」於是鮑勃在三三三下面畫了兩條路。一邊寫著「為什麼做不到」，另一邊寫著「如何能做到」。鮑勃在「為什麼做不到」的那邊畫個大叉叉。說：「我們沒有時間去想為什麼做不到，因為那樣毫無意義。重要的是，我們應該集思廣益，把可行的點子寫下來，好讓我們能達到目標。現在開始，直到想出辦法來才能離開。」又是一陣靜默。過了好久，才有人開口：「我們製作一個廣播特別節目在全加拿大播放。」鮑勃說：「這是個好點子。」並且隨手寫下。很快就有人提出異議：「這節目恐怕沒辦法在全加拿大播放，我們沒那麼多電臺。」這的確是個問題，因為他們只擁有安大略到魁北克的電臺。鮑勃反問：「就是沒那麼多電臺才可能，維持原議。」這真是很困難，因為各個電臺業務都相互競爭，照常理而言，是很難聯合各個電臺一起來合作的。忽然有人提議：「我們可以請廣播界赫赫有名的哈維．克爾以及勞埃．羅伯森來策劃這個節目啊！」很快地就有許多令人驚訝的妙點子陸續出現。討論後，他們爭取到五十個電臺同意播放這個節目。沒有人搶功，只想著能不能為災民多籌些錢。結果，他們真地在短短三個小時的節目裡，在三天內，募捐到了三百萬。

你也認為「不可能」的事情真地就做不成嗎？並不見得，世界上找不到兩片完全一樣的葉子，人生又何嘗不是如此！沒有兩個人的態度、信念、價值觀和自身所具備的潛能完全一致，所以發生在他們當中一個人身上的事情，並不能假定在另一個人的身上也會有相同的結果。只不過人們已經習慣於把困難面前的退卻說成順理成章而已，使自己在困難面前大搖大擺地溜走有一個自我安慰的理由。

●他站末尾

有位先生死後欲進入天堂去享受榮華富貴，於是就排隊領取進入天堂的通行證。由於他不善於競爭，後面的人來了直接插在他前面，他卻保持沉默，絲毫沒有任何反抗或不滿，就這樣等了若干年，他仍站在隊伍的末尾，始終未得到他想得到的東西。

這個故事對職場中的年輕人是一個警醒。在工作中，在利益面前，既不要斤斤計較，也不要過分謙讓，應該大膽地向上司要求自己應該得到的。

當我們考慮工作究竟是為什麼的時候，可能有很多不同的回答，但任何人都不能否認我們是為利益而工作，比如金錢、福利、榮譽等等，否則就未免太虛偽了。在當今市場經濟體制下，我們說自己為利益而工作是正大光明的。

之所以強調在與上司相處的過程中要學會爭分內之利這個問題，就是因為有許許多多的人因為不會爭利而頻頻「吃虧」。不會爭利通常有兩種表現，一種是不敢爭利，甚至連自己應該得到的也不敢開口向上司要求，既怕同事說閒話，也怕上司留下壞印象，大有「君子不言利」的味道。一種是過分爭利，利不分大小，有則爭之，結果整天跟在上司屁股後喋喋不休地要好處，把上司追得很煩。其實，這兩者都是不懂爭利的，爭利也需要技巧。

常言道：老實人吃啞巴虧，會哭的孩子有糖吃，這是先人總結出的「真經」。有些人認為跟上司要求福利就會與上司發生衝突，造成上司麻煩，影響兩者的關係，結果什麼都不敢提，苦了自己一輩子，做好本職工作當然是分內的事，但要求自己應得的酬勞也是合情合理的，付出越多，績效越好，應該得到的就越多。

只要你能為公司做出成績，即便向上司要求你應該得到的報酬，他也可以理解。如果你無所作為，無論在利益面前表現的多麼「老實」，上司也不會欣賞你。事實上，從領導技巧上講，善於駕馭下屬的上司也常把手中的利益作為激發下屬的誘因。可見，下屬要求利益與上司掌握利益是一個積極有效的處理上下關係的互動。

有些人提要求時不會掌控分寸，因而引起上司的反感，在上司心中留下不好的印象，這是很不聰明的。要想既爭取利益又把控好分寸，需要做到以下幾點：

不爭小利。不為蠅頭小利傷心動氣，略顯寬廣胸懷、大將風度，在上司心目中營造「甘於吃虧」、「會吃虧」的好印象，在小利上堅持忍讓為先。

按「值」論價，等價交換。最簡單的例子，如你拉到十萬元贊助費或為公司創利一百萬元，你要按事先談好的「提成」比例索取報酬，不能擴大要求，也不要讓上司削減對你的獎勵。

●怕痛的石頭

有個著名的雕刻師傅準備塑造一尊佛像讓人膜拜，精挑細選後，看上其中一塊質感上乘的石頭，沒想到才拿起銼刀開始敲琢幾下，這塊石頭就痛不欲生，不斷哀嚎：「痛死了，呀，不要再刻了，饒了我吧！」

師傅只好停工，任其躺在地面，另外再找了一塊質感稍遜的石頭，重新思索。較差的石頭，任憑刀琢斧鑿一概咬緊牙根堅忍承受，默然不出一語。師傅精雕細琢，果然雕成了極品，大家驚訝其成為傑作，決定加以供奉，供善男信女日夜頂禮膜拜，從此該廟宇香火鼎盛，遠近馳名。

不久，那塊無法忍受雕刻之痛的石頭，被人廢物利用，鋪在通往廟宇的馬路上，人車頻繁經過，又要承受風吹雨打，實在痛苦不堪，內心亦憤憤不平，質問廟裡這尊佛像，說道：「你資質比我差，卻享盡人間禮讚尊崇，我卻每天遭受凌辱踐踏，日晒雨淋，你憑什麼？」佛像只是微笑說：「誰叫你當初受不了苦，沒敲幾下，就哇哇叫！」

俗話說：「刀在石上磨，人在苦中練」，玉不琢不成器，人非磨難成大事。靜下心、屏住氣、咬緊牙承受住命運之神的敲擊，你才能笑到最後。

●落入井中的驢子

有一天，某農夫的一頭驢子，不小心掉進一口枯井裡。農夫絞盡腦汁想救出驢子，但幾個小時過去了，驢子還在井裡痛苦地哀嚎著。

最後，這位農夫決定放棄。他想這頭驢子年紀大了，不值得大費周章把牠救出來，不過不論如何，這口井還是得填起來。於是農夫便請求左鄰右舍幫忙，一起將井中的驢子埋了，以免除牠的痛苦。

農夫的鄰居們人手一把鏟子，開始將泥土鏟進枯井中。當這頭驢子意識到自己的處境時，剛開始哭得很悽慘，但出人意料的是，片刻之後這頭驢子就安靜下來了。農夫好奇地探頭往井底一看，出現在眼前的景象令他大吃一驚：當鏟進井裡的泥土落在驢子的背部時，驢子將泥土抖落在一旁，然後站到鏟進的泥土堆上面。

就這樣，驢子將大家填在牠身上的泥土全數抖落在井底，然後再站上去。很快地，這隻驢子便上升到井口，然後在眾人驚訝的表情中快步地跑開了。

就如驢子的情況，在生命的旅程中，有時候我們難免會陷入「枯井」裡，會被各式各樣的「泥沙」填埋，而想要從這些「枯井」中脫困的祕訣就是：憑自己的力量將「泥沙」抖落，然後站到上面去！

人的一生難免遭遇坎坷與挫折，有時甚至遭遇「屋漏偏逢連陰雨」的尷尬境地，經受「雪上加霜」的磨難考驗，但重要的是如何面對逆境，是消極對待還是積極對待。積極者利用環境，消極者困於環境，如果面對不利因素，你以積極的心態去挑戰它，那麼任何不利因素都可能成為你成功的墊腳石。人生必須渡過逆流才能走向更高的層次。最重要的是要永遠看得起自己。

●雕花弓

從前有個人，他有一張非常名貴的弓。這張弓是用烏木製成的，能射得很遠，百發百中。他簡直視若珍寶。有一天，他仔細打量著這張弓，自言自語：「哎，你就是有點太粗笨了，半點裝飾也沒有，真可惜！——對了，把它加工一下，」他突然想起，「我去請一位高明的藝人將弓雕刻裝飾一下。」

於是，他立即去找人。雕刻大師在這張名貴的弓上精心雕刻了整個打獵的場面。在一張弓上，還有什麼比雕刻打獵圖更合適呢？

這個人高興地對弓說：「親愛的，只有你才配這種裝飾啊！」說著，他自豪地張開弓一拉——弓斷了。

多那些外表好看的花瓶，有時會成為事業的致命傷。

●窮和尚，富和尚

在偏遠的大山裡，有一座幾乎無人問津的寺廟。寺廟裡住著兩個和尚，其中一個很貧窮，經常衣不蔽體，吃的也很簡單，身體瘦瘦的；另一個和尚卻很富有，穿著絲綢的衣服，吃著上等的食物，大腹便便，臉上油光發亮。

當時，人們都認為南海（今浙江普陀山）是個佛教聖地，很多外地的和尚都把能去一次南海作為自己的人生理想。

窮和尚對富和尚說：「我打算去一趟南海，你覺得怎麼樣呀？」

富和尚不敢相信自己的耳朵，認真地打量著窮和尚，突然大笑了起來。

窮和尚被他笑得莫名其妙，便問道：「怎麼了？你幹嘛笑？」

富和尚覺得不可思議：「我沒有聽錯吧！你想去南海？你憑藉什麼東西去南海啊？」

窮和尚說：「我想帶著一個水瓶、一個飯鉢就夠了。」

「哈哈……」富和尚笑得都喘不過氣來，「去南海來回好幾千里路，路上的艱難險阻多得很，可不是鬧著玩的。我幾年前就在做準備去南海了，等我準備充足的糧食、醫藥、用具，再買上一條大船，找幾個水手和保鏢，就可以去南海了。你就憑著一個水瓶、一個飯鉢怎麼可能到達南海？還是算了吧，你簡直就是白日做夢嘛。」

窮和尚不再與富和尚爭執。第二天，富和尚卻發現窮和尚不見了，原來，窮和尚一大早就帶著一個水瓶、一個飯鉢悄悄地離開寺廟，步行前往南海而去了。

果然，就如富和尚說的一樣，去南海的路非常遙遠也很艱辛，但窮和尚早就做好了心理準備，一路上，遇到有水的地方就盛上一瓶水，遇到有人家的地方就去化齋。有時，一連幾天都遇不上一戶人家，他就忍飢挨餓。途中，有些地方是懸崖峭壁，有些地方野獸成群，有時狂風暴雨，有時大雪紛飛。窮和尚一路上嘗盡了各種艱難困苦，很多次，他都被餓暈、凍僵、摔倒，但他從未想過放棄，始終向著南海走去。

一年過去了，窮和尚終於成功到達了日思夜想的南海。

又過了兩年，窮和尚從南海回來了，依然是帶著一個水瓶、一個飯鉢。窮和尚由於在南海學習了許多知識，並帶回了很多經書，後來成為了一個德高望重的和尚。而那個富和尚卻還在準備買大船呢，最終都沒能成行！

富和尚「常立志」，只是立在口頭上的；窮和尚「立長志」，卻是踏踏實實地立在行動上。富和尚的條件比窮和尚好多了，但是當窮和尚已經實現自己願望的時候，富和尚卻還在空談。

這個故事的道理其實很簡單，即「說一尺不如行一寸。」實踐是實現理想的唯一途徑，空談坐等是什麼事情都辦不成的。

●只要最上面那層

有個人很有錢，但卻愚蠢無知。有一次，他到另一個富翁的家裡，看見一座三層的樓房，樓房又高又大，富麗堂皇，寬敞明亮，他十分羨慕，心裡想：「我的錢財並不比他少，為什麼我的樓房沒有他的好，以前我怎麼就沒想到造一座這樣的樓呢？」

回到家裡，他立刻召喚來工匠，問道：「你能不能照著那家的樣子幫我建造一座漂亮的樓？」

工匠回答說：「沒問題，他家的那棟房子就是我造的。」

富翁便說：「那你現在就為我造一座像他家那樣富麗堂皇的房子吧。」

於是工匠開始量地基，砌磚，蓋房子。

富翁看見木匠砌磚，心生疑惑，不曉得這是怎麼一回事，就問工匠：「你這是打算蓋什麼？」工匠回答道：「蓋你要的三層樓房呀！」

富翁有點急了，對工匠說道：「我不要下面的兩層，我只要最上面的那層，你就幫我蓋最上面的那一層吧。」

工匠答道：「沒這樣的事！哪有不蓋最底下一層就蓋第二層的？不蓋第二層樓又怎麼有辦法蓋第三層樓呢？」

這個愚蠢的富翁固執地說：「我就是不要下面的兩樓，你必須得幫我蓋出最上一層樓！」

其他的人聽到了這件事，都笑話他。人們笑愚蠢的富翁不懂得：房屋是由基礎而建起，怎能在空中建起樓閣呢？

佛家有一偈曰：「無基不為樓，事無僥倖成；欲證如來果，當把根本修。」是的，一棵樹最初必由一粒種子，下土發芽生根慢慢長大而成。一個人的知識學問也是由從小一字一句地讀書，慢慢累積而成。樹有根水有源，可是世間又有多少人懂得這個道理呢？否則又怎麼會有這麼多的人奢望空中樓閣？

好高騖遠的人總想一步登天，這是不可能的。任何事情，都必須腳踏實地。萬丈高樓平地起，光顧著羨慕美麗的樓閣，卻不知道它是由一磚一磚砌起的，它的成功源於腳踏實地。

不積跬步，無以至千里。任何偉大的事業，輝煌的成就都是由無數具體的、細小的、平凡的工作累積的，不願意做平凡工作的人，很難成大事。世間沒有突然的成功，大多來自進量微小而又不間斷地前進。

就像精巧的工匠造不出沒有根基的樓閣一樣，任何的成功也沒有什麼技巧，唯一的訣竅就是腳踏實地、按步就班、實實在在地做事。

●自己拜自己

某人在屋簷下躲雨，看見觀音菩薩正撐傘走過。這人說：「觀音菩薩，佛法不是講普度眾生嗎？那度我一程如何？」觀音說：「我走在雨裡，你躲在檐下，屋簷下沒有雨，你又何須我度你呢？」

這人聽到觀音菩薩這樣說，立刻走出屋簷下，站在雨中：「現在我也在雨中了，菩薩應該度我了吧？」

觀音說：「我還是不能度你！」

「為什麼？」這人不明白地問。

觀音解釋說：「你在雨中，我也在雨中，我沒有被雨淋，是因為有傘；你被雨淋，是因為沒有傘。所以不是我度自己，而是傘度我。你要想度，不必找我，請自找傘去！」

說完便走了，那個人在雨中被淋透了。

第二天，這人又遇到了難事，便去寺廟裡求觀音菩薩。走進廟裡，才發現觀音的像前也有一個人在拜，而那個人長得跟觀音菩薩一模一樣。這人問：「您是觀音菩薩嗎？」那人答道：「我正是觀音菩薩！」這人又問：「那您為何還拜自己呢？」觀音菩薩笑著說：「我也遇到了難事，但我知道，自傘自度，自性自度，求人不如求己。」

事實上，天地都是靠不住的，靠得住的只是你自己。

一個情場失意、商場折戈的年輕人在自殺前，抱著一線微弱的求生欲望拜見了一位智者，智者聽完了年輕人的悲慘故事後，告訴年輕人：

「我很同情你的遭遇，但我幫不了你。」

年輕人的求生慾被智者的冷冰冰的話一把撲滅。就在他走出智者的大門時，智者又告訴他：「不過，有一個人可以幫你。」

說完之後，智者將年輕人帶到了一面鏡子的面前。年輕人望著鏡子中頹唐落魄的自己，恍然大悟。

●天下第一畫師

從前，有一個國王，長得身高體壯，只是一隻眼睛是瞎的，一條腿是瘸的。一天，他召來三位有名的畫師為他畫像。

第一位畫師，把國王畫得雙目炯炯有神，兩腿粗壯有力，英俊威武。國王看過畫之後，氣憤地說道：「這是個善於逢迎的傢伙。」他叫衛兵把這位畫師推出去斬首。

第二位畫師，按照國王原來的樣子畫得逼真如實，國王看過畫像之後，又是一臉怒氣，說：「這叫什麼藝術！」叫衛兵把這位畫師的頭也砍了。

輪到第三位畫師了。他把國王畫成正在打獵的樣子：手舉獵槍托在瘸腿上，一隻眼緊閉著瞄準前方。國王看了十分高興，獎勵他一袋金子，讚譽他為「天下第一畫師」。

善於逢迎不行，逼真如實也不行，有沒有第三條路？當然有，那就是：在原則允許的範圍內巧妙變通。

●公子掌舵

有一個貴公子經常和一些商人共同到海上尋寶。這個公子很會背誦駕駛海船方法的條文，譬如說，如果船駛進漩渦，碰到逆流，遇到有礁石的激流險灘，應該怎樣掌舵，怎樣撥正航向，怎麼穩住船身等等，背得滾瓜爛熟，說得頭頭是道。

他對大家說：「在海上駕駛船隻的各種方法，我都知道。」大家聽了他頭頭是道的知識，也十分相信他的話，便辭去原來掌舵的舵手，由這位顯貴的公子代替掌舵。第一次出海途中，他們的船駛進有漩渦的激流之中，顯貴公子一邊口裡念口訣一邊擺弄船舵。然而，他背的這套一點也不管用，船還是在原地旋轉，不能前進。最後，他和全船的商人都落水淹死了。

「紙上談兵」的趙括，害死了數十萬人，其血的教訓又有多少人真正吸取了呢？

●狗與狼之戰

狼向狗宣戰。狗王任命一隻希臘狗為狗將軍，狗將軍卻沒有急於應戰。狼不斷地大肆威脅他們。

希臘狗說道：「知道我為什麼遲遲不動嗎？戰前謀劃至關重要。狼的種類與毛色幾乎相同，我們卻種類不同，性格不同，加上我們的毛色五顏六色，有的黑色，有的紅色，還有的是白與灰色。帶領了這些完全不能統一的狗，如何能去應戰呢？」

最終，由於狗將軍精心的戰前謀劃，每一隻狗都被調動起來，牠們都充分發揮了自己的作用，連吉娃娃都不例外。整齊劃一的狼群竟然被大小不一，品種不一狗們打得落花流水。

光憑著勇氣與熱情，就想得到成功是不夠的，這一點連希臘狗都知道。

●寶劍的價值

千錘百煉後，寶劍橫空出世。這把寶劍伴隨著英雄度過了漫長的金戈鐵馬歲月，幫助英雄立下了赫赫戰功。如今，戰爭過去了，英雄的雕像被安放在廣場中央。那把寶劍呢，柄爛了，只剩下了劍身，被扔進了垃圾堆裡。

一群撿破爛的小孩從垃圾堆裡撿出了寶劍，賣給了收廢鐵的人；收廢鐵的人又把它賣給了一個農夫。

農夫用很便宜的價錢買到寶劍後，心裡高興地想：這下做事時有工具可以使用了。他為寶劍裝上柄，用它來對付各種東西。

冬天，農夫揮舞著寶劍砍伐樹木，劈成柴。春天，農夫又揮動著寶劍，砍下樺樹皮來做鞋子穿。夏天，農夫用它斬斷房前屋後的刺棘和腐爛的樹樁，為的是不讓蚊蟲生長。秋天，寶劍被用來修枝和砍竹子，做籬笆牆。

從河邊游過來一條蛇，農夫看見了，舉起寶劍就砍過去；小孩上廁所在褲子上，農夫的老婆嫌那條褲子髒，用寶劍挑著扔進河裡去漂洗；兒子跟朋友玩遊戲，把寶劍當作馬騎，拖著它在亂石頭上不停碰撞。

一年過去了，這把寶劍渾身都是鏽斑，刃上面缺口連著缺口。

夜裡，一隻刺蝟爬到寶劍的身旁，說：「人們總是歌頌寶劍，說它們多麼勇敢堅強。可是，瞧瞧你，成了這副模樣，還不如我身上的刺呢！你丟不丟臉啊？」

寶劍說：「在勇士手裡和在農夫家裡，我的用途是不一樣的。該丟臉的不是我，而是不了解我的價值的人啊！」

良禽擇木而棲，韓信捨項羽投劉邦，成就一番成功偉績。「君不賢，則臣投別國」，棄昏君投明主是年輕人應該誓死捍衛的權利，千萬不能像寶劍一樣在農夫手裡將鋒芒消磨殆盡。

●獅王用兵

雄獅，擁有巨大權力的森林之王，打算組織一支威名遠颺的軍隊。他召集森林中的野獸，命令大象馱上軍用物資，負責後勤工作；任命暴怒的狼擔任突擊隊長；讓狐狸運用他的智慧出謀劃策，猴子動作靈巧且善於裝腔作勢，就命令他迷惑敵人，拖延來犯匪幫的時間。

一頭野獸叫嚷著：「瞎眼的兔子和瘸腿的驢子就別帶上了吧，牠們上前線只會礙事，要牠們有什麼用？」

獅子大王說：「牠們只會礙事嗎？我才不相信呢！讓瞎眼的兔子將耳朵貼在地面上，可以及時準確地獲得敵方是否來襲的情報——要知道兔子的耳朵本來就很靈敏，而瞎了眼的兔子比正常兔子耳朵更加靈敏；至於瘸腿的驢子嘛，就讓牠去炮塔充當點火的炮手，牠行動不便，因此即使大敵當前也不會逃跑，只能血戰到底。」

這樣，一支軍隊安排得十分得當。

年輕的領導人，不妨學習雄獅這種「人盡其才，量才適用」的用人高招。

●驢子當大臣

一隻年輕的獅子，當了百獸之王，只知吃喝玩樂，從來不管國家事務。起初，牠請老虎當最高大臣，馬上怨聲四起，意見紛紛，因為老虎太殘忍。

獅子說：「好吧，那就委任大象！」

百獸說：「大象太高傲。」

獅子說：「那委任熊吧！」

百獸又說：「熊壓迫窮人，強徵稅收。」

短短七天中，獅子委任了七位大臣。可是，無論換哪位，大家仍都不滿意。這沒完沒了的撤換，誰不感到厭倦？如今連獅王也被弄得稀里糊塗：「也許叫驢子當大臣，從此可以太平無事，一勞永逸。就這麼定了，不管他們怎麼說，絕不再變更了。」

驢子當上大臣，身居要職，擔負重任，牠委任自己兄弟為公使，指令兔子統帥全軍，鼹鼠被派遣去當間諜，猴子得意地升任主教，惡狼當了司法部長，狐狸被安排在警察局，連土撥鼠也當上了文書處的官員，還有牠的辯護人、馬屁精，以及牠的親族，通通雞犬升天。

你們千萬別指望這些蠢貨能主持公理，因為一次很糟糕的提拔，早已釀成無窮的禍根。

寧缺毋濫，一次差強人意的決策，可能造成你巨大的損失。

●選擇哪種貓

有個愛貓的人，養了很多隻貓。其中有隻貓，白天常睡覺，夜晚便滿屋巡行，捕殺老鼠。主人沒有發現，以為牠沒有用。其他的貓，夜晚像主人一樣安睡，白天偶爾捕到一隻老鼠便銜到主人面前舞弄，供全家玩樂。全家人都喜歡這些貓，即使偷菜餚，甚至咬死家中的雞，也不責怪牠們。

老鼠，因為有隻貓常在夜晚捕殺牠們，有的死了，有的遠遠逃竄了。主人以為是其他貓的功勞，便鞭打那隻白天睡覺夜晚捕鼠的貓，並且驅逐了牠。老鼠知道後，便成群地回來了，再也無法禁止。

聰明人應該選擇哪種貓呢？

●曾參殺人

曾參是孔子門下有名的弟子，也是有名的大孝子，他的母親對曾參的人品信賴有加。可曾經發生過的一件事，讓曾參的母親十分慚愧。

曾參曾經住在費地，那個地方有個和曾參同名同姓的人，那個人行為不端，總是做出一些違反法律的事。有一天，他犯下了殺人罪。

有些人不知道他們是同名同姓的兩個人，於是跑到曾家，告訴曾參的母親說：「曾參殺了人了！」

曾參的母親正在織布，聽到這些話，非常自信地說：「我的兒子絕對不會殺人。」她頭都沒有抬，泰然自若地照常織布。

不久，又來了一個人，說：「曾參殺了人了！」他的母親看了看來人，還是不相信，繼續泰然自若地照常織布。

一會，又有一個人跑來，對她說：「妳怎麼還不趕緊走，你兒子曾參殺了人了！說不定會牽連妳。」

他的母親害怕起來，把織布的梭子一扔，翻過牆頭就逃走了。

眾口鑠金，積非成是。要做到「謠言止於智者」，需要多麼大的定力。

●煉金術

泰國有個叫奈哈松的人，一心想成為一個富翁。他覺得成為富翁的捷徑應該是學會煉金術。

此後他把全部的時間、金錢和精力，都用在了煉金術的實驗中。不久以後他花光了自己的全部積蓄，家中變得一貧如洗，連飯都沒得吃了。妻子無奈，跑到父親那裡訴苦。她父親決定幫女婿改掉惡習。

他讓奈哈松前來相見，並對他說：「我已經掌握了煉金術，只是現在還缺少一樣煉金的東西……」

「快告訴我還缺少什麼？」奈哈松急切地問道。

「那好吧，我可以讓你知道這個祕密。但我需要三公斤香蕉葉下的白色絨毛，這些絨毛必須是你自己種的香蕉樹上的。等到收齊絨毛後，我便告訴你煉金的辦法。」

奈哈松回家後立刻將已荒廢多年的田地種上了香蕉。為了盡快湊齊絨毛，他除了種以前就有的自家田地外，還開墾了大量的荒地。當香蕉長熟後，他便小心地從每張香蕉葉刮下白絨毛，而他的妻子和兒女則抬著一串串香蕉到市場上去賣。就這樣，十年過去了。奈哈松終於集齊三公斤絨毛。這天，他一臉興奮地拿著絨毛來到岳父的家裡，向岳父討要煉金術。

岳父指著院中的一間房子說：「現在，你把那邊的房門打開看看。」

奈哈松打開了那扇門，立即看到滿屋金光，竟全是黃金，他的妻子兒女都站在屋中。妻子告訴他，這些金子都是他這十年裡所種的香蕉換來的。

面對著滿屋實實在在的黃金，奈哈松恍然大悟。

奈哈松整天做些不切實際的事情，以至於淪落到窮困潦倒的地步。要想富裕，虛幻永遠不會讓你夢想成真，它需要你付出辛勤的勞動，腳踏實地地去做。

●猴子們大發脾氣

一個漁夫去河邊釣魚，他在河邊被一群猴子圍了起來。

猴子們問：「你用什麼釣魚呀？」

漁夫開玩笑說：「用猴腸。」

猴子們大發脾氣，撲上來要打死漁夫。漁夫一看情況不妙，立刻躺在地上裝死。猴子們看到漁夫一動也不動，紛紛地喊著：「他死了，我們把他送到墓裡！是送到金墓？還是送到銀墓或痲瘋病人的公墓？」

「把他送到銀墓中。」一隻老猴子說。

於是，猴子們把漁夫抬到了銀墓中，在他身上扔了些銀白色的銀塊就走了。

過了一會，漁夫從銀墓中爬出來，在衣袋裡裝滿銀子，回到了村裡。從那天起，漁夫過起了好日子。有一天，漁夫的一位鄰居問他：「你是怎麼發財的？」漁夫把經過情形告訴了他。這個鄰居聽後，馬上也跑到河邊去釣魚。這時，猴子們又來了。

「你用什麼釣魚呀？」猴子們問。

「用猴腸。」

猴子們又發起火來，提起棍子就狠狠地打了這個人一頓。漁夫的鄰居也躺在地上裝死。猴子們見他死了，就叫喊著說：「把他抬到哪個公墓去？是金墓？還是銀墓或痲瘋病墓？」

「把他抬到痲瘋病墓去！」一隻老猴子說。

漁夫的鄰居一聽就急了，他說：「啊，那不行，把我抬到金墓去吧！至少也得把我抬到銀墓去！」

猴子們一看死人怎麼還會說話，覺得奇怪。牠們說：「看來，我們還沒把他完全打死。再狠狠地打！」

後來，猴子們真地把漁夫的鄰居打死了，牠們把這人埋進了痲瘋病墓裡。

你是你，別人是別人。別人能透過努力或幸運獲得了成功和財富，但你用同樣的方法卻往往不能。不要盲目地追隨別人，否則，很容易誤入歧途。

●國王的難題

有一個古代的國王常常騎馬出去打獵，很少徒步行走。

有一回國王在打獵時走了一段路，不小心被一根木屑刺到了腳。國王痛得哇哇大叫，把身邊的侍從大罵一頓。第二天，國王向一個大臣下令：一星期之內，必須把領地內所有的大街小巷通通鋪上牛皮。如果不能如期完工，就要把大臣絞死。

一聽國王的命令，那個大臣十分驚訝。可是國王的命令怎麼能不執行呢？他只得全力照辦。

大臣向自己的下屬官吏下達命令，官吏們又向下面的工匠下達命令。很快，往地上鋪牛皮的工作就開始了，工程十分浩大。

鋪著鋪著就出現了問題，所有的毛皮很快就用完了。於是，不得不每天宰殺牲口。一連殺了成千上萬的牲口，可是鋪好的路還不到千分之一。

離限期只有兩天了，急得大臣消瘦了許多。大臣有一個女兒，非常聰明，她對父親說：「這件事由我來辦。」

大臣苦笑了幾聲，沒有說話。可是女孩堅持要幫父親解決難題。她向父親要了兩塊皮，按照腳的模樣做了兩個皮口袋。

第二天，女孩讓父親帶她去見國王。來到王宮，女孩先向國王請安，然後說：「大王，您下達的任務，我們都完成了。您把這兩個牛皮口袋穿在腳上，走到哪裡去都行，別說小刺，就是釘子也不會讓您的腳受傷！」

國王把兩個牛皮口袋穿在腳上，然後在地上走了走。他為女孩的聰明而感到驚奇，穿上這兩個牛皮口袋走路舒服極了。

國王下令把鋪在街上的牛皮全部收起來。很快，收起來的牛皮堆成了一大堆，人們又用它們做了無數雙鞋子。

大臣的女兒不但因此得到了國王的獎賞，而且受到全國老百姓的尊敬。

人生是一個不斷有新的問題蹦出來的過程。能否解決問題及解決了多大的問題，決定一個人一輩子成就的高低。

解決問題最重要的是需要創新思維，不要拘泥於問題本身。像上述寓言中的那位大臣的女兒，找一個全新的角度就「輕而易舉」地解決了國王出的難題。年輕人要學會如何創新地解決問題，否則自己就有可能成為一個「問題」，而被你的老闆或客戶解決。

猴子和狼

猴子和狼合夥捕獵，豐收之後，坐在一起討論怎麼分配。

「我認為，我們應該平分。」猴子大膽地說。

「你話說得好聽，」狼說，「如果你有我這樣鋒利的牙齒，那麼你的話就可信了。」

猴子心裡不平衡，但又沒有辦法，悻悻地接下了狼吃完後剩下的幾根骨頭。如此幾次後，猴子決定找獅子幫自己討回公道。獅子聽了猴子的申訴後說道：「你帶我去，然後把我藏起來。」猴子帶著獅子，把獅子藏在平時與狼分配獵物的地方。獅子說：「好了，現在你們一起去打獵吧！」

猴子約了狼一起去打獵。隨後，牠們仍將獵物帶到老地方進行分配。狼已覺察到有獅子，開始變得局促不安。猴子對牠說：「你怎麼啦？快分吧！」狼推卻道：「不，今天該由你來分配一次了。」猴子問：「為什麼？這可是從來也沒有過的事情啊！」狼答道：「迄今為止，世道一直很壞。然而現在，世道變好了。」猴子可不理牠，堅持說：「今天你還得像過去那樣再分一次！」狼只好動手分配了，牠說道：「這邊的一份是給猴子的，另一份也是給猴子的，那邊的一份還是給猴子的。」

「什麼時候起是按這個方式分配的？」猴子問道。而狼只是一再說：「從今天起，這世道已變好了。」

真的是「世道變好了」嗎？不，別相信狼的鬼話。在沒有法治的動物世界，遵循的是絕對的「弱肉強食」規則；在有法治的人類社會，遵循的是在法律允許的框架內相對的「弱肉強食」規則。如果你沒有和他人談判的資本，你就不能獲得你所認為應該得到的。

世界就這麼殘酷，年輕人唯有讓自己強大起來，才能讓自己生活得更瀟灑、愜意。

第三章　事業篇

第四章　交友篇

●驢交朋友

智子在牲口交易市場上閒逛，最後看中了一頭驢。他走上前將驢檢查了一遍，然後，問驢的主人：「我能試用一下嗎？」

「你要試用多長時間？」

「只要一天就行。」

「如果只有一天，沒問題。」

智子牽著驢回到了家，把驢趕進了驢棚。

第二天一早，智子走進驢棚，想看看那頭驢在做什麼，一眼就看見那頭新驢正與驢棚裡最好吃懶做的一頭驢進行交流，智子二話不說，牽著那頭驢就去了牲口交易市場。

「我不想買這頭驢子！」智子對賣驢的人說。

「為什麼？你這麼快就試用過牠了？」驢的主人納悶地問道。「我不需要再試用了，因為我發現，牠一進驢棚，就和最好吃懶做的一頭驢交上了朋友！」智子解釋說。

人們常說「物以類聚，人以群分」，意思是什麼樣的人就喜歡和什麼樣的人在一起，因為他們價值觀相近，所以才湊得起來。所以性情耿介的就和投機取巧的人合不來，喜歡酒色財氣的人也絕對不會跟自律甚嚴的人成為好友。觀察一個人的交友情況，大概就可以知道這個人的性情了。

●四個好朋友

從前，老鼠、烏龜、鴨子和烏鴉是好朋友。他們住在一起，工作的時候總是互相幫助。

有一天，天氣非常晴朗。鴨子獨自出去散步，走著走著不知不覺就走遠了。牠一邊走一邊還「嘎嘎」地叫喚，結果被獵人的獵狗盯上了，可是鴨子完全沒有發現，仍在漫不經心地散著步。

到吃飯的時候，老鼠對他的兩個朋友說：「兩位，今天怎麼啦？怎麼只有我們三個？鴨子不知道跑到哪裡去了？」

烏龜說：「如果我像烏鴉那樣有一對翅膀，就會立即飛去尋找牠。不知道鴨子現在在什麼地方？會不會遇到什麼危險？」

聽烏龜這麼說，烏鴉立刻就起飛去尋找鴨子，牠一直朝森林的方向飛去，遠遠就看見鴨子被罩在一張大網裡，鴨子十分著急，但是烏鴉覺得這時候跟牠說話毫無用處。於是，烏鴉急忙飛回家中，把鴨子遇險的情況告訴老鼠和烏龜。

一聽到這個壞消息，烏龜和老鼠十分不安。牠們馬上商量營救鴨子的辦法，老鼠和烏龜說：「應該立即趕到鴨子那裡，一刻也不能耽誤。」烏鴉認為：烏龜應該留下來看家，因為牠得走得慢，路上要花許多時間，等牠趕到，鴨子說不定已經死了。

沒有再多商量，老鼠和烏鴉就救鴨子去了。可是牠們走後不久，烏龜也跟在牠們後面出發了，牠走不快，一路上直罵老天爺為什麼要讓牠馱著自己的房子走。

老鼠來到鴨子身邊，用鋒利的牙齒把網繩咬斷。這時，獵人來了。他一見自己的網已被咬破，就大叫起來：「誰把我的鴨子放跑了？」

一看到獵人，老鼠立即鑽進一個洞裡躲了起來，鴨子也逃到森林裡去了。

沒多久，烏龜趕到了。獵人沒有找到鴨子，非常惱怒，但是當他一看到烏龜，怒氣就消了。他心裡想：怎麼辦？現在我的網破了！不過這隻烏龜也可以煮來吃。於是，他捉住烏龜，把他扔進了自己的袋子。

烏龜差一點丟了性命，幸好老鼠急忙從洞裡爬出來，把烏龜遇險的事去告訴鴨子。鴨子聽了，立即想出一個救烏龜的辦法。

鴨子走出森林，假裝一瘸一拐地走路，同時「嘎嘎」地大叫起來。獵人一看見鴨子，馬上就扔掉袋子去追。

這時，老鼠急忙咬破袋子，把烏龜救了出來。而鴨子見烏龜得救就快速地跑到了湖中。

不久，四位好朋友又聚到了一起。

千里難尋是朋友，朋友多了路好走。一個人做的事業越艱難，就越需要他人幫助，單槍匹馬行不通，唯有依靠別人的幫助才能獲得成功，所以要選擇好朋友。

沒有良好的人際關係，幾乎什麼也做不成；有了良好的人際關係，可以改善生存環境，通常還包括身邊其他人，甚至有可能影響整個一生。

交朋友不僅能滿足情感需要，而且更為自己的事業和人生創造了實際的價值和利益。俗話說「在家靠父母，出外靠朋友」，在社會上行走，沒有朋友，絕對不可能成就大事。儘管朋友多並不意味著都一定能成就大事，但想要成就一番事業卻萬萬不能沒有朋友。

人是生存在社會中的人，每天都要與其他人打交道，但這並不意味著每個人都能交到朋友。朋友之門對於那些心胸開闊、心地善良的人來說永遠是敞開著的，而那些沉浸於個人的狹小天地、「煢煢孑立、形影相弔」的人就沒有那麼幸運了！

狐狸精交友

《聊齋》裡有河間生不務正業，交了個狐狸精做朋友，狐狸精天天帶他去吃喝玩樂。

有一次，河間生和狐狸精下樓任意竊取酒客的酒食，唯獨對一個穿紅衣的人避得遠遠的。

河間生問狐狸精：為什麼不去取紅衣人的酒食？狐狸精說：「這個人很正派，我不敢接近他。」於是，河間生恍然大悟，他想：狐狸精和我交朋友，一定是我走上邪道了，今後必須得正派才是。

他才一轉念，狐狸精就跑掉了。從此他果然走上了正路。

河間生的教訓生動地說明了選擇正派的人交朋友的重要性。俗語說：「近朱者赤，近墨者黑」，就是這個意思。朝夕相處，甚至形影不離的好朋友，必定在思想、觀念、言論、行動和各方面相互影響，這種耳濡目染的力量是絕不能低估的。

所以，年輕人擇友一定要在「良」字上下功夫。固然，「金無足赤，人無完人」，我們選擇的朋友，儘管可能會有這樣那樣的不足，但人的本性應該是好的。他能與你坦誠相處，道義上能互相勉勵，當你有了過錯能嚴肅規勸你。這種真誠待人的朋友稱之為

「摯友」，這種能指出你過錯的朋友又稱為「諍友」，這種能使你對真、善、美的事物更加嚮往，使你變得更高尚，更富有智慧的朋友，就是你應該尋求的，並使你終生受益的「良友」。與這樣的朋友建立起健康而真摯的友誼，往往會成為你前進的動力。

相反，那種可能使你變得庸俗低下，使你道德喪失，或以義氣使你眩惑，沒有原則，不講是非，拉幫結派，甚至會墮入犯罪的深淵，這種所謂的「朋友」是萬萬交不得的。

人不可以不慎重地選擇朋友，朋友是為了互相幫助的，各人奉行的政治、道德原則不同，怎麼能互相幫助呢？在一堆平鋪的乾柴上點火，火總是先燒乾燥的柴；在平地上灌水，水一定先流往低處。同類事物互相依從，尚且如此顯著，從一個所交往的朋友來觀察他的品德，又有什麼可懷疑的呢？選擇好人做朋友，不可不慎重，因為這是建立自己事業的基礎。

● 我背你，你指路

瘸子到盲人家串門，兩人聊得正愉快，一場突如其來的大火襲擊了他們。

瘸子說：「不好了，你家失火了！」

盲人說：「我聞到了刺鼻的煙味和火焰嘶嘶的聲音，我們快點走吧！」

瘸子說：「可是我腿腳不便……」

「我背你，你指路，我們一起走。」

就這樣，盲人和瘸子在火海中安然脫身。

現在企業之間流行兼併與聯盟，成功的例子不少，但失敗的例子也常見。縱觀所有成功的企業兼併與聯盟，其成功的關鍵都不外乎「取長補短」。企業之間需要取長補短，朋友之間也是如此。如同上述的寓言，盲人的好腿加上瘸子的好眼，產生了一加一大於二的神奇效果。因此，年輕人在社會上交朋友，也不要拘泥於全部交些脾氣、性格或工作與自己相近的朋友，可以交一些能和自己形成互補優勢的朋友。

交友可以發揮一加一大於二的效果，創業時找合夥人更是如此。如果你精於技術，那麼找一位精於銷售的人合夥絕對是一個不錯的選擇。

●刺蝟取暖

一場雪悄然而至，森林裡的刺蝟凍得直發抖。為了取暖，牠們只好緊緊地靠在一起，但卻因為忍受不了彼此的長刺，很快就各自跑開了。

刺蝟取暖

天氣實在太冷了，牠們又想要靠在一起取暖，然而靠在一起時的刺痛使牠們又不得不再度分開。就這樣反反覆覆分了又聚，聚了又分，不斷地在受凍與受刺兩種痛苦之間掙扎。最後刺蝟們終於找出了一個適中的距離，既可以相互取暖又不至於彼此刺傷。

在人際交往中，「距離」是一種美，也是一種保護。因此，交朋友也要有一種彈性，要保持一定的分寸。

有人認為，好朋友應該常聚會呀，保持距離不就疏遠了嗎？問題就出在常聚會。好朋友最初在一起，都能夠融洽相處，但因為彼此來自不同的環境，受不同的教育，因此人生觀再怎麼接近，也不可能完全相同，便無可避免地要碰觸彼此的差異。於是他們會從一開始的尊重對方，變成容忍對方，繼而到最後成為要求對方。當要求不能如願，便會開始背後挑剔、批評，然後結束友誼。

所以，人與人之間的相處，彼此需要一些空間，有時太過於親近，不小心失了分寸，口無遮攔，就會造成彼此的緊張和傷害。如果有了好朋友，與其彼此太親近而可能會造成傷害，不如保持距離，以免碰撞。古人常說：「君子之交淡如水」，也就是這個意思。所以，為了友誼，為了人生，要在人際交往中和朋友保持一定的分寸，避免因過分的親密而失去朋友。

熊對你說了些什麼

有一天，兩個朋友動身去外地辦事。為了不耽誤時間他們決定抄近路，穿越一座茂密的大森林，然後便可直抵目的地。

兩個朋友一邊走，一邊興致勃勃地聊著天，商量今後如何合夥做生意。

突然，有一頭大熊向他們迎面衝來。其中一個人立即撇下自己的朋友，飛快地跑向最近的一棵樹，然後迅速爬上去，隱藏在稠密的樹葉裡。另一個人眼看自己已來不及逃走，只得躺倒在地裝死。

熊跑了過來，低頭嗅聞著他。他盡力屏住呼吸，一動也不動，因為他聽人說過，熊是不會吃死人的。

果然如此，熊在嗅了嗅他的臉，聞了聞他的耳朵後，嚎叫一聲，就慢慢地離開了，沒多久便消失在森林裡。

這時，他的朋友從樹上滑下，走到他身旁，問：「那頭熊趴在你耳邊，對你說什麼了？」

「牠叮囑我：患難朋友才是真正的朋友。」他回答說。

因為相信朋友在日常小事中的仗義，我們對自己的朋友也深信不疑，卻常常在關鍵的危難時刻被「朋友」拋棄在深淵中。

難道除了用「患難」的高代價來考驗真朋友、剔除假朋友的方法，難道就沒有其他方法讓我們看清朋友的真假？

假作真時真亦假，我們漸漸分不清誰是真朋友，誰是假朋友？有人說，非到落難關頭，朋友難分真假。太平盛世時，又如何區分？這就是關乎如何定義朋友了，如果凡是相識的都叫做朋友，那麼樹大有枯枝，出現「假貨」的機會也很高。其實，只要你搞清楚真朋友的定義，與定義背道而馳的就是假朋友了。

例如：

✧ **朋友要互相扶持**：那些總是挑撥你與他人關係的人，踐踏你自尊的人，絕大多數是假朋友。

✧ **朋友不一定常見面，但至少要保持聯絡**：那些三年都沒有消息，不願回覆你電話和訊息的人，很可能就是假朋友。

✧ **朋友是你喜歡見到他們的人**：聚會時，那些令你渾身不自在只想快快回家的人，不一定就是朋友。

✧ **朋友是明白自己內心的人**：不論你說什麼，他都「牛頭不對馬嘴」，說不定就是假朋友。

✧ **朋友是建立在志同道合的基礎上，而非利益關係上**：那些因為業務而往來的人，不能算是真朋友，而是商務夥伴。

諸如此類，很快你便能列出一個「朋友」名單，然後懂得不要隨意獻出自己的真心，不必浪費自己的感情。

●猴子看見堅果

有一個王子養了幾隻猴子，他訓練牠們跳舞，並讓牠們穿上華麗的衣服，戴上人臉的面具。當牠們跳起舞來，精彩得像人在跳舞一樣。有一天，王子讓這些猴子跳舞，供朝臣們觀賞，猴子的精彩演出獲得滿堂的掌聲。可是其中有一位朝臣故意惡作劇，丟了一把堅果到舞臺上去。這些猴子看見了堅果，紛紛揭掉面具，搶食堅果，結果一場精彩的猴舞就在朝臣的嘲笑中結束。

這一則寓言說明了猴子的本性並不因為學習舞蹈和戴上面具而改變，猴子就是猴子，看到堅果就會原形畢露。

如果把某些人比成這故事中的猴子，難道他們不也是戴著假面具在人生的舞臺上進行著表演？小人戴上面具，會讓你誤以為他是君子；惡人戴上面具，會讓你誤以為是大善人；貪婪之徒戴上面具，會讓你誤以為是朋友。真是令人防不勝防！

年輕人為人處世，雖然要求不害人，但防範之心卻不能沒有，識破假面具的功夫也就要多修練了。正如古語所說：害人之心不可有，防人之心不可無。

猴子不改其好吃堅果的本性，因此看到了堅果，就忘了牠正在跳舞娛人。那些偽君子的表現雖然不會像猴子那麼直接，但不管他怎麼偽裝，碰到他心儀的東西，總會無意識地暴露他的真面目。因此貪婪的人平時道貌岸然，但一看到既得利益就會兩眼放出異樣，言行失態；好賭的人平時循規蹈矩，但一上牌桌就廢寢忘食，欲罷不能。不是他們不知道顯露這種本性不好，而是一看到所好之事或所好之物，就忍不住要掀掉假面具——就像那群猴子。

在實際生活中，你可以主動地「投其所好」，倒不是先了解其「所好」再「投之」（因為若先了解其「所好」，就不用費心了），而是在刻意安排的情境中去了解其所好。譬如說，如果你想了解某個人的喜惡性，可主動安排，若某人真的有某方面的喜好，假面具至少要掀掉一半，甚至忘形到忘了他是誰，赤裸裸地露出真面目。而你便可從其表現來推斷他其他方面的性格，作為與他來往的參考。有些商人就是用這種方法來掌握他的客戶。

如果你沒有能力安排各種情境，那麼也可以利用各種機會趁便觀察其所好。這種觀察比刻意安排的更為深刻有效，因為你觀察的對象沒有防備，真面目會顯現得相當徹底。

以「投其所好」看人雖然不一定能看出他是君子或小人，但卻可以看出人品，而人品會影響他的行事、判斷和價值觀，甚至影響他為善或為惡的抉擇。無論是交朋友、找合作夥伴或共事，這都是重要的參考。

●別說「我們」

有一天，兩個朋友一起趕路，他們在森林裡邊走邊聊著，商量著合夥做生意的事情。忽然，他們中的一個人發現草叢中有一樣東西在閃閃發亮，便好奇地走過去，彎下腰，原來，是一把嶄新的斧頭。

「瞧，我撿到了什麼？」他舉起斧頭，興高采烈地嚷道。「正好可以用它來砍柴。」

沒想到，他的同伴聽了以後卻非常不開心，當即拉長了臉，冷冷地糾正說：「別說『我』，要說『我們』撿到了一把斧頭。」他為同伴的話大吃一驚，怔在那裡，一句話都說不出來。

兩個人默默地繼續上路，不一會，丟失斧頭的人從後面追趕了上來，嘴裡喊道：「誰偷了我的斧頭。」這時，那個撿到斧頭的人嘆了口氣，說道：「看來我們遇到麻煩啦！」他的同伴聽了，轉過頭去對他說：「別說『我們』，要說『我』遇到麻煩啦！因為當初撿到斧頭的時候，你並沒有說，斧頭是我們一起撿到的。」

有道是：「有福同享，有難同當」。一個人若「有福獨享」，又怎能要求他人與你「有難同當」？

●好心的朋友

有一個隱士，一個人住在山林裡。他覺得很孤獨，於是和一隻好心的熊交上了朋友。

他們是一對好朋友，隱士走到哪裡，熊就跟到哪裡，絕不離開半步。

一個大熱天的上午，隱士和熊在山林裡閒逛了整整半天，又熱又累。隱士的身體沒有熊好，腳步越來越沉，根本走不動了。

熊看了挺心疼，說：「朋友，躺在樹蔭下睡一覺吧，我守在你身邊。」隱士很是高興，便躺了下來，並立刻睡著了。

這時一隻蒼蠅趁熊不注意，飛到隱士身上，落在隱士的胸口。

熊猛吸一口氣，對準蒼蠅「呼」地吹去。蒼蠅連滾帶爬，被趕得好遠。可是一眨眼，牠又飛回來了。這次，牠停在隱士的鼻子上。

熊的皺緊眉頭，輕輕走上前去，舉起巨掌，橫掃過去。蒼蠅逃走了，在空中繞了一圈，又停在隱士的臉上。

熊的眼睛睜得大大的，有些發紅，牠撿起一根樹枝，用力一揮。蒼蠅又溜了，過不多久，重新飛回來，叮在隱士的額頭上。

熊氣壞了，想：「我要把你砸得稀巴爛！」牠抱起一塊巨大的石頭，搖搖晃晃地走到隱士腦袋前，吃力地舉起石頭，對準蒼蠅，猛砸下去。

山谷裡立刻迴盪著隱士的嚎叫。

有時候，擁有一個愚蠢的朋友，比擁有一個聰明的敵人更糟糕。

高貴的馬

從前有一個人，他有一匹馬和一頭驢。他養馬是為了坐騎，而養驢則為了裝運東西。

可憐的驢天天馱著沉重的貨物，走許多路。而馬，只要主人不騎，牠便站在馬槽前，咀嚼著飼料，或者在牧場裡自由自在地吃青草。

當馬和驢都關在牲口棚的時候，驢常常對馬訴苦，這時馬總是嘲諷驢說：「你幹嘛要牢騷滿腹呢？既然你是一頭驢，你就該明白，你生下來就是為了負重做事的！」

「可是我們的主人為什麼讓你閒著不做事，而我卻連一天也沒辦法休息呢？」

「你別忘了，我是一匹馬，而馬出身高貴，因此才受到人們的青睞。」

驢每天不停地工作，十分辛苦，累得瘦骨嶙峋，而馬養尊處優，皮毛光潔發亮。

有一天，主人騎在馬背上，趕著馱著重負的驢，動身進城去。天氣炎熱，路途遙遠，驢直喘粗氣。

「幫個忙，替我分擔一點背上的東西吧。」驢懇求馬說。

「你瘋啦！我怎麼可以馱貨呢！」馬一口拒絕。

「可憐可憐我，幫我一把吧！我實在吃不消了！」

「你別指望我能幫助你！我馱著主人，是在盡一匹馬的責任，你馱著主人的東西，也是在做一頭驢應該做的事。」

過了不久，就在爬一段艱難的上坡路時，驢終於倒地再也沒站起來。

主人連忙跳下馬，見驢真的死了，只得把驢馱的所有的包裹通通壓到馬背上，繼而又想，也許驢皮在城裡能賣錢，於是剝下驢皮，順手也扔在馬背上。

直到這時，馬才真正明白，牠確實冤枉了身體虛弱的夥伴，但現在已悔之晚矣。想當初，馬沒同意分擔驢馱的一部分重量，眼下只得馱起比驢背上還重的重量。

有時幫助別人也等於幫助自己。

●冷廟

張三和李四同路去京城趕考。張三為了金榜題名，一路見到香火鼎盛的大廟即去燒香拜菩薩，求菩薩保佑他金榜題名。李四也懷著同樣的目的，不過他卻熱衷到冷清的廟宇拜菩薩。

趕考完後不久，李四金榜題名，張三則名落孫山。張三心裡窩火，便去找大廟的菩薩，質問菩薩為何不保佑他金榜題名。

菩薩一臉的無奈說：「每天燒香求我辦事的人成千上萬，我又如何忙得過來！」

張三這時才若有所悟，明白李四為何專挑冷清的廟宇燒香的緣故：燒香最好是找些平常沒多少人去的冷廟，不要只挑香火繁盛的熱廟。熱廟因為燒香人太多，菩薩的注意力分散。你去燒香，也不過是眾香客之一，顯不出你的誠意，菩薩對你也不會有特別的好感。所以一旦有事求祂，祂對你只以眾人相待，不會特別照顧。

但冷廟的菩薩就不是這樣，平時冷廟門庭冷落車馬稀疏，無人禮敬，你卻很虔誠地燒香上供，神對你當然格外在意。同樣燒一炷香，冷廟的神卻認為這是天大的人情，日後有事去求祂，祂就會特別照應。如果有一天風水轉變，冷廟成了熱廟，神對你還是會特別看待，不把你當成趨炎附勢之輩。

其實不只是廟有冷熱之分，人又何嘗不是？一個人是否能發達，要靠機遇。在你的朋友當中，有沒有懷才不遇的人，如果有，這個朋友可能就是冷廟。你應該與熱廟一樣看待，時常去燒燒香，在他需要幫助的時候，熱誠地幫助他。又因為他可能那時還是窮人，履行禮尚往來對他來說較困難，並非他不知道還禮，而是無力還禮。他雖不曾還禮，但心中絕對不會忘記未還之禮，這是他欠的人情債，人情債欠得越多，他想還的心越切。所以當日後他否極泰來，他第一要還的人情債當然是你。他有清償的能力時，即使你不開口，他也會主動報答你。

有的人能力雖然表面看起來很平庸，然而說不定什麼時候時來運轉，也許就會成為成功人士。人在得意的時候，一切都看得很平常、很容易，這是因為自負的緣故。如果你的境遇、地位與他相差不多，來往當然無所謂得失。但如果你的境遇地位不及他，往來多時，反而會給人趨炎附勢的感覺。即使你極力結交，多方效勞，在對方看來也很平常，彼此感情不會有多少增進。只有在對方轉入逆境，以前友好如今翻臉不認人；以前車水馬龍，今則門可羅雀；以前一言九鼎，今則哀告不靈；以前無往不利，今則處處不順，也就是他的繁華夢破碎了時，他對人的認識也許就比較清楚了。

識英雄於微時，的確需要一定的眼力。古時一個大商賈的兒子，不繼承父親十倍利的商業，卻經營百千倍利的「識人業務」，終於輔助一淪落太子登上皇位，而成為一代顯貴。如果你認為對方是個英雄，就應及時結交，且多多交流。或者乘機進以忠告，指示其所有的缺失，勉勵其改過遷善。如果自己有能力，更應給予適當的協助，甚至施予物質上的救濟。有時對方很急著要，又不肯對你明言，你如得知情形，更應盡力幫忙，並且不能有絲毫得意的樣子，一面使他感覺受之有愧，一面又使他有知己之感。寸金之遇，一飯之恩，可以使他終生銘記。日後如有所需，他必奮身圖報。即使你無所需，他一朝否極泰來，也絕不會忘了你這個知己。

俗話說：「在家靠父母，出外靠朋友。」朋友之間平時禮尚往來，相見甚歡，甚至婚喪喜慶、應酬飲宴，幾乎都是同一群朋友。而一朝勢弱，門可羅雀，能不落井下石、趁火打劫就不錯了，還敢期望雪中送炭、仗義相助嗎？

「人情冷暖，世態炎涼。」年輕人若能在自己有能力時，多結交些未來英雄，使之能成為知己，這樣的發展才會前途無窮。

不過對他人的投資，最忌諱的是講急功近利，因為這樣就成了買賣，說難聽點更像是賄賂。如果對方是講骨氣之人，也會感到不高興，即使勉強接受，並不以為然。日後就算回報，也得半斤還八兩，沒什麼好處可言。

一般人總以為冷廟的菩薩不靈，所以才成為冷廟。其實英雄落難，壯士潦倒，都是常見的事。有朝一日風雲際會，仍會一飛衝天、一鳴驚人的。

從現在起，年輕的你多注意一下周圍的人，若有值得燒香的「冷廟」，千萬不要錯過了。

●漂亮的表妹

有一天，蝸牛豎著兩對觸角，背著硬殼，在曠野趾高氣揚地爬行著。這時，有一隻蛹從他身旁慢慢地經過，並熱情地打招呼說：「早上好！表哥！」

蝸牛聽了蛹的問候，沒好氣地大聲問：「喂，你怎麼叫我表哥呢？我們什麼時候是親戚啦！」

「喏，我們不都是一樣爬行的嗎？」蛹連忙解釋說。

「話是這麼說，但我們怎麼能相提並論呢？」蝸牛顯得很傲慢，「我有住宅，你有嗎？」

說罷，蝸牛瞧也不瞧蛹一眼，旁若無人地往前爬去。

幾天以後，那隻蛹蛻變成了一隻長著金翅膀的蝴蝶。

蝸牛見到蝴蝶，想起了那蛹。他等著蝴蝶主動問候，但蝴蝶在花叢中飛來飛去，裝作沒看見蝸牛。最後，蝸牛實在忍不住了，先開口與蝴蝶打招呼：「漂亮的表妹，你在忙什麼呢？怎麼對你的表哥不理不睬。」

「哦，蝸牛先生，曾幾何時，我怎麼又成了你的表妹了呀！」蝴蝶冷言相譏地回答說，「想當初，當我還是蛹的時候，你不是瞧不起我，不願意與我為伍嗎？現在我能飛了，有自己的朋友了！」

生活中有些人也是如此。當他們的親戚朋友貧窮的時候，他們愛理不理的，或者壓根瞧不起；一旦他們的親戚成功了，他們則千方百計巴結、攀關係——但這又有什麼用呢。

●牧羊人與野山羊

牧羊人在綠草如茵的山坡上放牧山羊。那裡青草茂密，羊一隻隻低著頭，悠閒地吃著草。

不久，牧羊人突然發現有幾隻野山羊混在他的羊群裡，他非常興奮，心想，要是能得到這幾隻野山羊，那該多好啊！

夕陽西下時，牧羊人吆喝著，小心翼翼地把自己的羊群和幾隻野山羊一起趕進羊圈。

次日，颳起了大風，下著暴雨，羊沒法到山坡上去吃草。牧羊人到羊圈裡餵羊，他想，若要讓野山羊乖乖地留下，就應該好好地款待牠們，所以，他把很多好飼料給了野山羊，而卻餵給自家山羊很少的飼料，牠們只能勉強填飽肚子。

又過了一天，大風停了，太陽出來了。牧羊人打開羊圈，趕著羊群去放牧。不料，剛走出不遠，野山羊就跑出羊群，朝荒山野嶺的方向飛奔而去。

「喂，你們去哪裡？」牧羊人氣得大罵道，「我把好吃的東西都給你們吃，還待你們那麼好，甚至超過了自家的羊，你們為什麼還要這樣忘恩負義呢！」

這時，野山羊一邊往前跑，一邊回頭對牧羊人說：「正因為這樣，我們才想離去。你為了討好拉攏我們，不惜怠慢你自家的羊群。等明天有新的野山羊跑進你的羊圈，那時，你就會對牠們好，而把我們忘掉了。」

對那些交了新朋友就忘了老朋友的人，我們要敬而遠之。

●牧羊的狼

從前有個牧羊人，當他趕著羊群去牧場時，突然發現有隻狼尾隨著羊群。

牧羊人大吃一驚，正當他想把狼趕走時，他注意到，那隻狼並沒有傷害羊群的舉動，只是靜靜地跟在羊群後面，甚至當偶爾有一隻羊離開羊群時，那隻狼還會跑過去將那隻羊趕回來。

「好怪的一隻狼。」牧羊人喃喃自語道。

儘管如此，牧羊人整整一天都是提心吊膽，留意著那隻野獸。傍晚時分，牧羊人把羊群趕回了羊圈，那隻狼也轉身離去，彷彿他也結束一天的工作一樣。

「也許牠在半夜三更會轉回來侵襲我的羊群。」牧羊人心想。

於是，牧羊人徹夜未眠，嚴加防備。

誰知，那隻狼卻一整夜都沒露面。次日早晨，當牧羊人趕著羊群去吃草時，那隻狼又出現了，整整一天跟在羊群後面，看管著羊，宛如一隻牧羊狗。

這樣過了兩三個星期，牧羊人已經習慣了那只與眾不同的狼，慢慢放下心來，而且有時還餵牠點東西吃。

不久以後，牧羊人遇到急事，無論如何必須城進一趟。「現在我不用擔心我的羊群了，」牧羊人心想，「有那隻狼幫我看管，不會出什麼事的。」於是，牧羊人很放心地進城去了，讓那隻狼替他看管羊群。

然而，當牧羊人從城裡回來時，狼不見了，羊圈裡再也看不到一隻活羊了。

「我真是活該！」牧羊人後悔不迭，傷心地捶打著腦袋，說道：「誰叫我天真地把羊群託付給一隻狼呢！」

最危險的往往不是那些對你虎視眈眈的狼，而是偽裝成牧羊犬的狼。

● 公牛與獅子

四頭強壯的公牛，是彼此最親密最真摯的朋友，牠們總是一起在美麗的草原上吃草，互相幫助，形影不離。在不遠處，住著一隻可怕的獅子。獅子當然很想吃掉牛，但是獅子很清楚這不太可能，因為這四頭牛總是在一起。如果想跟牛群較量的話，那麼自己的生命都會有危險。

獅子沒有別的辦法，只好謹慎地、狡猾地思考著計策。牠開始祕密地分別對四頭公牛說，別的公牛在出賣朋友呢！不久，公牛們相互猜疑起來。獅子繼續這樣做，後來，這些公牛便生了氣，不再互相信任。以往非常忠實的夥伴們，如今相互之間十分冷淡、客氣，並且避免說話。沒有多久，牠們就鬥嘴、打起架來，話裡滿是憤怒。終於，四頭牛各自分開，不再想見到對方。獅子見時機成熟，輕易地將牛一頭一頭地撕成了碎片。

這就是朋友之間互相不和的結局，它為狡猾的敵人敞開了門。團結和互相信任能產生力量和堅韌，可以使最危險和看來很高強的對手都難以得逞。

●狼的下場

秋天的樹林裡竄出一隻狼，牠耷拉著耳朵，垂著尾巴，慌裡慌張地逃向村莊。遠處，打獵的號角聲在吹響，召喚著獵人們集合。獵狗們在震天動地地狂叫著，牠們顯然聞出了狼逃竄的路線，想把獵人領到這邊來。

狼無奈地逃進了村莊，沒料到，家家戶戶都上了門閂，狼無處躲藏。

狼急得到處轉悠，一抬頭，看見母貓瓦辛卡正趴在院牆上看熱鬧。狼用可憐的聲音說：「瓦辛卡，我的好朋友，請告訴我，哪位農夫的心地善良，肯幫我躲開那群該死的獵狗？」

瓦辛卡說：「去求傑斯吧，他人非常好，一定會樂意幫忙。」

「這……」狼吞吞吐吐地說，「恐怕不行。我搶過他的綿羊。」

「哦。」瓦辛卡說，「那，去找傑米試試。」

狼說話顯得躲躲閃閃的：「他可能還在生我的氣，我拖走了他的小羔羊……」

「你只好去找特費羅，他就住在旁邊。」

「找特費羅？」狼搖搖頭說，「為了一隻羊，他一直在想把我打死。我不能去找他。」

「太糟糕了。或許，克利姆可能還願意幫助你……」

「不會的！瓦辛卡，他不會的。因為，我……咬死過他的小牛……」

瓦辛卡問：「這麼說，你把本村人都得罪了？」

狼還沒來得及回答，獵狗已追過來，一起撲到狼的身上，把牠咬死了。

瓦辛卡搖搖頭：「這下場是你自己找的！」

種下惡的種子，遲早會嘗到惡的苦果。這天理也許與上帝無關。一切只緣於種下惡之種子的人，過河時會有人「拆橋」，上屋時會有人「抽梯」——又怎能不會嘗到惡的苦果？

●狐狸請客

有一天，狐狸送了一張請柬給鶴：「晚上請來家裡用餐。」

「哇！真罕見！狐狸先生會準備用什麼酒菜請我呢？」鶴很高興地去了狐狸的家。

「呀！鶴先生，歡迎！請不要客氣！」狐狸取出的酒菜卻只有放在平盤裡的湯。

「我最喜歡喝湯，謝謝你啦！」

鶴很想喝湯，但因為自己的鳥喙，花了好大力氣，也只能聞到味道，盤內的湯一滴也喝不到。可是狐狸卻一下子就把湯喝完了，而且嗤嗤地笑著，覺得很有趣。

「真不夠意思，你在捉弄我！」鶴恨恨地回家去了。

不久，鶴也送請柬給狐狸：「晚上請客，請你一定來喔！」

貪吃的狐狸哪能放過這麼好的機會。

「是什麼樣的食物呢？」狐狸暗暗地想著。滿腦子只想著美味佳餚，連不久以前自己所做的壞事，狐狸也忘得一乾二淨，牠高高興興地來到鶴的家。

「狐狸先生，歡迎！別客氣，儘管用吧！」鶴拿出裝在細頸水瓶裡的湯放在桌上。

「謝謝！」狐狸試著將嘴伸進水瓶裡，但是怎麼喝也喝不到一口湯，只能聞鮮美的味道。鶴則將長嘴巴輕輕鬆鬆地伸到瓶底，津津有味地喝起來。狐狸的肚子餓壞了，因為眼前有美食，卻一口也吃不到。

你對他人怎樣，他人也會對你怎樣。

●我只想睡覺

駝鹿在樹林裡累了，牠想休息一下，就在林中草地上躺下，並請求兔子。

「麻煩過半小時叫醒我！」

兔子趕忙答應，要知道這是駝鹿親自請他幫忙：「睡吧！我一定叫醒你！」兔子答應。

駝鹿伸了個懶腰，然後閉上了眼睛。

「也許，你要墊些乾草？」兔子建議道。於是，牠弄來一小捆乾草，並努力往駝鹿身下塞。

駝鹿已睡意朦朧：「謝謝，我只想睡覺。」

「怎麼，不用？在乾草上想必要更柔軟些。」

「算了啦，……我只想睡覺……」

「也許，在睡著前你想喝點水？小溪離這裡不遠，我等等就把水送來。」

「不，不必了……我只想睡覺……」

「睡吧，睡吧！你想讓我在你耳邊講個故事嗎？這樣你很快就會睡著。」殷勤的兔子不停地說著。

「這也不用啦，……謝謝……我本來已經要睡著了。」

「也許，犄角影響你睡覺？」

駝鹿跳了起來，一邊打著呵欠，強打精神走開了。

兔子驚奇地問：「你要去哪裡呀？要知道連二十分鐘都沒到呢！」

太多的殷勤總是讓人厭煩。

搖醒他

有個好心人一而再、再而三地勸告一位落魄潦倒的朋友，「別再墮落下去了，該找點正事做。」朋友依然故我不為所動，這讓他感到非常沮喪。

他把事情跟寺廟的主持講。大師聽完後，問道：「如果有間房子正在被水淹，眼見水位愈來愈高，然而屋子裡有個大胖子卻還在呼呼大睡，你會怎麼辦？」

「把他拖出去！」

「不，」大師說，「這胖子太重了，屋子裡又有水，怎麼拖？」

這個人想了一會，才似有所悟地說，「搖醒他！」

「沒錯，你只需要搖醒他，但不必把人都扛在身上，懂嗎？」大師說。

有人曾說過這樣一句話：「你的生活若沒有畫界線，別人就會進入你的生活，停留在你不希望延誤和他們不應存在的地方。」

記住，我們可以扶人一把，但不要全攬在身上。為什麼不讓那些「老出問題的人」學會管好自己的事？讓他們學會為自己負責，也只有這樣，才能真正地挽救這個人。

強盜請客

一天晚上，一個人正躺在床上。突然，一個蒙面大漢從陽臺跳進來，走到床邊。他手中拿著一把手槍，對床上的人厲聲說道：「舉起手！起來！把你的錢都拿出來！」躺在床上的人哭喪著臉說：「我患了十分嚴重的風溼病，尤其是手臂疼痛難忍，哪舉得起來啊！」那強盜聽了一愣，口氣馬上變了：「哎，老哥！我也有風溼病。可比起你的病輕多了。你得這種病多久了，都吃什麼藥呢？」躺在床上的人把吃過的各類藥都說了一遍。強盜說：「這些都不是好藥，那是醫生騙錢的藥，吃了不會好但也就這樣。」兩人熱烈討論起來，他們對藥物的看法頗為一致。兩人越談越熱乎，強盜早已在不知不覺中坐在了床上，並把病人扶著坐了起來。

強盜突然發現自己手裡還拿著槍，面對手無縛雞之力的病人，他感到十分尷尬，趕緊把槍偷偷地放進衣袋之中。為了彌補自己的歉意，強盜問道：「有什麼需要幫助的嗎？」病人說：「我們有緣分，我那邊的酒櫃裡有酒和酒杯，你拿來，慶祝一下我們的相識。」強盜說：「乾脆我們到外面的酒館喝個痛快，怎樣？」病人苦著臉說：「可是我的手臂太疼了，穿不上外衣。」強盜說：「我能幫忙。」強盜替他穿戴整齊，扶著他向酒館走去。剛出門，病人忽然大叫：「噢，我還沒帶錢呢！」強盜說：「我請客。」

人與人之間最能激起親密感的就是找到共同點。「你也……哇，我也是！」這種語氣總是能使兩個陌生人找到共同話題並成為朋友。

●我希望

有兩位很虔誠、很要好的教徒，決定一起到遙遠的聖山朝聖。兩人背上行囊、風塵僕僕地上路，發誓不達聖山朝拜，絕不返家。

兩位教徒走啊走，走了兩個多星期之後，遇見一位白髮蒼蒼的聖者。聖者看到這兩位如此虔誠的教徒千里迢迢要前往聖山朝聖，就感動地告訴他們：「從這裡距離聖山還有十天的路程，但是很遺憾，我在這十字路口就要和你們分手了；不過在分手前，我要送給你們一個禮物！什麼禮物呢？就是你們當中一個人先許願，他的願望一定會馬上實現；而第二個人，就可以得到那願望的兩倍！」

其中一個教徒聽到後，心想：「這太棒了，我已經知道我想要許什麼願，但我不能先講，因為如果我先許願，我就吃虧了，他就可以有雙倍的禮物！不行！」而另外一個教徒也自忖：「我怎麼可以先講，讓我的朋友獲得加倍的禮物呢？」於是，兩位教徒就開始客氣起來，「你先講嘛！」「你年長，你先許願吧！」「不，應該你先許願！」兩位教徒彼此推來推去，「客套地」推辭一番後，兩人就開始不耐煩起來，氣氛也變了：「你幹嘛！你先講啊！」「為什麼我先講？我才不要呢！」

兩人推到最後，其中一人生氣了，大聲說道：「喂，你真是個不識相、不知好歹的人，你再不許願的話，我就把你的狗腿打斷，把你掐死！」

另外一人一聽，沒有想到他的朋友居然變臉恐嚇自己！於是想，你這麼無情無義，我也不必對你太有情有義！我沒辦法得到的東西，你也休想得到！於是，這個教徒乾脆把心一橫，狠心地說道：「好，我先許願！我希望——我的一隻眼睛瞎掉！」

很快地，這位教徒的一隻眼睛瞎了，而與他同行的好朋友，也立刻瞎了兩隻眼睛！

原本，這是一件十分美好的禮物，可以讓兩位好朋友互相共享，一旦人的「貪念」與「嫉妒」左右了心中的情緒，就會使「祝福」變成「詛咒」，使「好友」變成「仇敵」，更是讓原來可以「雙贏」的事，變成了兩個瞎眼的「雙輸」！

不願讓別人擁有，或不想讓別人比自己擁有得更多，這就是叫你失去朋友的重要心理疾病。

結伴的老鼠

三隻老鼠結伴去偷油喝。可是油缸非常深，油在缸底，牠們只能聞到油的香味，根本喝不到油。

喝不到油的痛苦令他們十分著急，但著急又解決不了問題，於是牠們靜下心來集思廣益，終於想出了一個很棒的辦法，就是一隻咬著另一隻的尾巴，吊下缸底去喝油。牠們取得了一致的共識：大家輪流喝油，有福同享，誰都不可以存有獨享的想法。

第一隻老鼠最先吊下去喝油，牠在缸底想：「油只有這麼一點點，大家輪流喝一點多不過癮。今天算我運氣好，不如自己痛快地喝個飽。」夾在中間的第二隻老鼠也在想：「下面的油沒多少，萬一讓第一隻老鼠喝光了，那我豈不是要喝西北風嗎？我幹嘛這麼辛苦地吊在中間讓第一隻老鼠獨自享受一切呢！我看還是把牠放了，乾脆自己跳下去喝個痛快淋漓。」第三隻老鼠則在上面想著：「油是那麼的少，等牠們兩個吃飽喝足，哪裡還有我的份！倒不如趁這個時候把牠們放了，自己跳到缸底飽喝一頓，才能一解嘴饞。」

於是，第二隻老鼠狠心地放了第一隻老鼠的尾巴，第三隻老鼠也迅速放了第二隻老鼠的尾巴，牠們爭先恐後地跳到缸裡，渾身溼透一副狼狽不堪的樣子，加上腳滑缸深，牠們再也逃不出油缸。

自私是動物的天性。但若是利益當前，有些人往往也克服不了這種本應發生在動物身上的劣根性。

私欲太盛，利令智昏，時刻以自我為中心，以損公肥私和損人利己為樂事；一切圍著自己想問題，在滿足其一己之私的過程中，不惜損害他人利益，而自己只是在物質上、權勢上和聲譽上得到那些一丁點暫時的實惠，付出的卻是人格和靈魂的代價，這是一個人根本性的損失，永遠也無法換回的損失。

此外，見不得別人的好也是一般人的通病。其實雙方獲利才能促進人際往來的順利。別人好，自己未必就會損失利益；自己好的同時，也應該盡量不要傷害別人。如此一來，人際關係自然通暢無阻。

●貪婪的駱駝

寒冷的一天，一個商人牽著駱駝過沙漠，晚上搭起帳篷睡覺。

半夜時分，門簾被輕輕地掀起了，那頭駱駝在外面把臉探了進來，商人被弄醒了。駱駝說：「主人，外面風沙太大，吹得我睜不開眼，求你讓我把頭伸到帳篷裡來好嗎？」

「沒問題！」慷慨的商人說。駱駝就把牠的頭伸到帳篷裡來了，商人挪了挪地方，很快就睡著了。

過了一會，駱駝又把商人弄醒，說：「我這樣站著挺彆扭的。乾脆你讓我進來半個身子吧！」善良的商人同意了，而自己只好移到帳篷的角落裡，坐著休息。

又過了一會，駱駝再次開口了：「我這樣站著，撐開了帳篷門，反而讓我們兩個都受凍，不如你讓我整個站到裡面來吧！」說完，駱駝把整個身子都擠進帳篷裡，卻一腳把商人踢到帳篷外。

社會上有些人與這只駱駝有共同的特徵：在追求自己的利益時總是不滿足，並且還毫無顧忌地損害他人的利益。對於這種人如果無原則地退讓最後只會把自己置於絕境。

年輕人既要注意不要讓自己成為駱駝式小人，同時也不要隨便打開方便之門，讓貪婪的駱駝式小人得寸進尺。

● 鹿與葡萄樹

在原野裡，走著一個獵人，整整一天他都一無所獲。突然，他發現遠處有一隻鹿，於是就拚命地追趕，梅花鹿也慌忙逃竄。

當梅花鹿跑得氣喘吁吁，走投無路的時候，突然眼前一亮，發現路旁有一片枝葉繁茂的葡萄園，牠急中生智，鑽進葡萄樹的樹從裡躲了起來。

獵人跑了過來，在葡萄園裡尋找了半天也沒發現鹿的影子，無奈之下，只好繼續往前追去。

鹿站在葡萄架下一動也不敢動，當牠看見獵人已經離去的背影，鬆了一口氣，這時，牠也感到口渴飢餓難忍，便開始挑葡萄藤的嫩葉吃。

「請別吃我的葉子！」葡萄樹懇求說：「我是靠葉子呼吸空氣，吸收養分的。」

然而，鹿根本不理會葡萄樹的苦苦哀求，只管自己津津有味地咀嚼著綠油油的葉子，可是，由於鹿用牙齒使勁拉葉子，使得整棵葡萄樹都被牽動了，晃動不已，沙沙作響。

恰巧就在這時，獵人又沿原路尋找回來。當他看到葡萄樹不時地晃動，馬上就知道是怎麼回事。他拉起弓，朝葡萄樹裡一連射了幾箭，其中一箭正巧射中了鹿的胸膛。

鹿頓時血流如注，躺倒在地。臨死前，鹿喃喃自語說：「我這是罪有應得，葡萄樹救了我的命，我卻還去吃它的葉子。」

對朋友絕不可學鹿的忘恩負義。

了解人不易

有一次，楚國的國王邀請孔子去做官，孔子興高采烈地答應了下來。當他與弟子一行到了陳國和蔡國間的荒郊野外時，一些楚國大臣由於害怕孔子到楚國會危及自己的地位，便派人阻攔，使他們無法再繼續向前走。

一連七天，孔子和他的弟子們沒有進食，餓得一點氣力都沒有了。

弟子顏回出去找吃的東西，終於想方設法要到一點米，拿回來煮。飯快熟的時候，餓極了的孔子眼巴巴地看著顏回和鍋裡熱氣騰騰的白米飯。忽然，他看見顏回飛快地從鍋裡抓了一把飯就往嘴裡送，孔子心裡很不是滋味。

過了一會，飯熟了，顏回恭恭敬敬地把飯送到孔子面前。孔子假裝什麼也沒有看見，站起身來，話裡帶刺地說：「今天夢見了我死去的父親，他告訴我說，飯一定要乾淨才能上祭，有人吃過的，就不能再用了。」

顏回立刻明白了老師的意思，他解釋說：「實在抱歉，剛才飯快煮好的時候，有一些柴灰落到鍋裡去了，照我們現在的情況，扔掉食物實在是不應該的，所以我只得抓起來自己吃掉了。」

聽了顏回的解釋，孔子有些不好意思了，於是他嘆了口氣說道：「人靠眼睛看東西，當然應該相信眼睛，然而眼睛有時也並不一定可靠。人靠心來想問題，當然要相信心，然而心也不一定可靠。唉，現在看來了解一個人可真不容易啊！」

現在你還會武斷地替一個人貼上標籤嗎？

第五章　愛情篇

●愛情魔杖

從前，英國有一個爵士，他一生情場得意，風流韻事無數。大家都知道爵士有一根特殊的手杖——人們叫它為「愛情魔杖」，他只要握緊愛情魔杖的頂端向一個女人注目，那個女人就會意亂情迷，把持不住。爵士憑著這根手杖，幾乎戰無不勝，攻無不克。

爵士在晚年時自己透露祕密，那根所謂的愛情魔杖只不過是一根極其平常的手杖罷了，完全沒有什麼神奇的地方。他知道女人都相信那個傳說，對它自動撤除了心理上的防線；而他一旦魔杖在手，也就確實充滿了自信，增加了勝算。

心理作用能產生出極大的力量，如果你確信那件事情必然發生，最後它就果然發生；如果你確信某件事情可以辦成，你就一定能辦成。

有一次在戰場上，戰爭的形勢逆轉，指揮官下令撤退，士兵依照他們平常所受的訓練在敵人的火力下加快動作。有一個士兵中彈倒地，血流不止。他對戰友說：「我不行了，我受傷了，我要死了。」他的戰友用十分堅定的語氣說：「你沒有受傷，你身上的血是從別人的傷口黏來的，你可以跑得比我更快。起來！我們趕快撤離戰場，補充彈藥，捲土重來。」

那位受傷的戰士竟一躍而起，比中彈前更迅速敏捷，終於安全地撤離，最終躺在後方醫院裡接受療養，恢復健康。在戰場上這樣的奇蹟幾乎每天都會發生，每一個老兵都是證人。

在情場上，年輕人不要學習那位英國爵士「風流韻事無數」，卻非常有必要擁有他那根「特殊的手杖」——在面對自己的意中人時，要相信自己能征服對方。

●貓頭鷹和鷹聯姻

貓頭鷹派媒人去見鷹，請求牠把女兒嫁給小貓頭鷹當妻子。媒人傳話說：「鷹是白晝之王，貓頭鷹是夜晚的魁首，兩家門當戶對，正好可以做姻親。」經過一番勸說，鷹答應讓女兒出嫁。

到了舉行婚禮的日子，白天，當新郎的小貓頭鷹怕光，眼睛睜不開，什麼也看不見，讓客人們都笑牠；到了晚上，作為新娘的鷹怕黑，大睜著眼睛，卻什麼也看不清，又引起了來賓的陣陣哄笑。

結果這一對新婚夫妻沒等進入洞房就分開了。

選擇什麼樣的對象結婚，在現代社會中表面看來是完全「自由」的，其實不然，各種有形無形的制約充斥於擇偶過程的始終。社會、家庭、學校、鄰居、朋友、傳播媒體等，都在對個人的擇偶意識和擇偶行為施加影響。各種主客觀因素錯綜複雜地交織在一起，左右著年輕人對婚姻伴侶的最終選擇。

首先值得注意的是，從古至今，「門當戶對」一直在影響著人們擇偶的選擇，也就是說，每個人都在有意識會無意識地在其所屬的某個特定的階級、階層或群體範圍內去選擇婚姻伴侶，年輕人在社會化的過程中就逐漸學會和接受了這種規律，在擇偶時自然會根據自己的「門戶」條件去篩選淘汰各式各樣的異性，確定比較「般配」的候選人。家庭作為承襲和傳遞一整套社會文化價值的場所，作為個人社會化的首要微觀環境，無不在其成員的個性、氣質、價值觀和行為方式上留下深深的烙印，對他們一輩子的生活都有著程度不同的影響。家庭背景相差甚遠的男女結合，在要求「千篇一律」的傳統年代尚能說得通；但在允許多樣化和鼓勵多元發展的現在就會遇到麻煩，至少是雙方在氣質和情趣上的差距為夫婦調適造成困難。並且，我們的家庭的親屬關係極為密切，小家庭即使在獨立生活時，也與雙方原來的家人保持聯絡，大家庭的影響力仍然存在。在非「門當戶對」的婚姻中，夫婦的價值觀衝突，角色觀念不一致，以及興趣愛好和生活習慣的不同，不僅是夫婦不和的原因，而且是導致姻親關係惡化的潛在因素。對於那些不得不與一方家庭同住在一起的夫婦來說，問題就更明顯了。

有人說，我們曾批評「門當戶對」的傳統觀念，為何現在還要舊話重提。其實，過去批評的是階級觀念、門第思想，是政治、經濟上的不平等和歧視。但不同人群在思想上的差異，是無法透過批評而消除的。而這種思想差異，正是決定著現代夫妻是否般配和婚姻和諧的重大因素。

●拴住羊的不是麻繩

有錢人用大疊的鈔票，沒有挽留住愛人離去的腳步；粗魯的男人用拳頭棍棒，也不能讓欲離去的愛人屈服，用什麼能拴住愛人的心？是結婚證書嗎？不，那張薄薄的紙，同樣的一張叫「離婚協議書」。是孩子嗎？不，分道揚鑣的夫婦，百分之八十是有孩子的。

那麼，究竟用什麼，用什麼拴住愛人的心？但願下面這則寓言能啟迪困惑的你。

有一個年輕人，他走在前面，後面用繩子牽著一隻羊。有人開玩笑說：

「這隻羊之所以跟著你跑，全憑你的一條繩索縛了牠，而不是你真心喜歡牠，也不是牠真心跟隨著你！」

年輕人一聽這話，立即放開了拴羊的繩扣，丟開羊就自管自向前走去，並且一會左，一會右的。那羊呢，雖沒有繩子拴著，卻一步不離跟著年輕人忽左忽右地跑，一點沒有離開年輕人的意思。

開玩笑的人不禁奇怪地問：「年輕人，這是為什麼？」

「因為我供給牠肥美的水草，並且精心照料牠。」年輕人停止表演站在原地說。

這個人沉思起來。

年輕人又說：「聰明的朋友啊！我有一句良言相告，拴住羊的不是那根麻繩，而是你對羊的呵護與憐愛。」

●關懷備至的呵護

在這個世界上，最偉大的莫過於愛，但愛也要有分寸，超過這個分寸，愛就有可能變成傷害。

美麗的天鵝湖中有一個小島，島上住著一位老漁翁和他的妻子。平時，漁翁搖船捕魚，妻子則在島上面養雞餵鴨。除了買些油鹽，他們很少與外界往來。

關懷備至的呵護

有一年秋天，一群天鵝來到島上，牠們從遙遠的北方飛來，準備去南方過冬的。老夫婦見到這群天外來客，非常高興，因為他們在這裡住了那麼多年，還沒誰來拜訪過。

漁翁夫婦為了表達他們的喜悅，拿出餵雞的飼料和打來的小魚招待天鵝，於是這群天鵝跟這對夫婦熟悉起來，在島上，牠們不僅敢大搖大擺地走來走去，而且在老漁翁捕魚時，牠們還隨船而行，嬉戲左右。

冬天來了，這群天鵝竟然沒有繼續南飛，牠們白天在湖上覓食，晚上在小島上棲息。湖面封凍，牠們無法獲得食物，老夫婦就敞開他們的茅屋讓牠們進屋取暖，並且餵食牠們，這種關懷備至的呵護一直延續到春天來臨，湖面解凍。

日復一日，年復一年，每年冬天，這對老夫婦都這樣奉獻著他們的愛心。有一年，他們老了，離開了小島，天鵝也從此消失了，不過牠們不是飛向南方，而是在那年冬季湖面封凍期間餓死了。

都是關懷備至惹的禍。年輕的伴侶們，還是放飛你的愛人吧——在不可知的未來，你過分的關愛也許會變成一種傷害。

●完美的女孩

一位美麗的女孩想找一個這樣的丈夫：年輕帥氣，身體健康，溫文爾雅，既不冷淡，又不妒忌；還希望他財產多，有個好門第；再加上聰明機智……總之要十全十美。

許多顯貴的求婚人接踵而至，而美人覺得他們大半都太肥胖。

「我怎麼能嫁給這些人？他們的樣子太可憐了，來呀，大家最好過來看看他們！」

一個毫無風趣，另一個鼻子太難看，這個這裡有毛病，那個那裡有缺點，總之都不行。

四十年過去了，美麗的女孩變成了一個風燭殘年的老太婆，卻還在不停地尋找一個完美的男人。

有人問他：「老奶奶，這麼多年了，你還沒有看上一個稱心如意的？」

老太婆說：「看上過一個。」

「那妳為什麼不嫁給他？」

「唉，他要找一個完美的女人。」老太婆痛惜地說。

擇偶是人生一件至關重要的事情。找到一個合適的對象，擁有一個溫暖的家，幸福就已經近在咫尺了！而人在這種溫暖的包圍之中，可以毫無後顧之憂地衝事業，為家庭提供更加幸福的物質條件，則幸福已經在握了！

這樣說來，無論男女，家庭都是他們幸福的泉源。他們大半輩子的幸福，很大程度上取決於擇偶的眼光。從理論上說，擁有一個完美的他（她）是擇偶的最好選擇。但世界上有完美的人嗎？沒有，就是你本身也絕不會完美。不完美的你，又何苦去追求或等待一個完美的人？

記得一個廣告中有一句令人記憶尤深的話：「只買對的，不買貴的。」借用人們這種理智的消費觀，我們的擇偶觀也應該是：「只找合適的，不找完美的。」

●鴿子求婚

鷹十分憂傷地停在一棵樹的枝頭上。鴿子和她在一起，問她說：「我看你這樣愁容滿面的樣子是為了什麼啊？」

鷹回答說：「我想找一個合適的伴侶，但是找不到。」

鴿子回答她：「讓我作為你的伴侶吧，我比你有力氣多了。」

「你捉東西能養活大家嗎？」

「嗯，我的爪子常常能捉住鴕鳥並抓走。」

鷹被他的話說動心了，接受了鴿子做自己的伴侶。

婚後不久，鷹說：「飛去把你答應過我的鴕鳥抓回來吧。」鴿子飛上天空，接著抓回來一隻小得不能再小的老鼠，而且因為在地上死了太久都發臭了。

鷹質問說：「這就是你對我的諾言嗎？」

鴿子卻回答：「為了能向高貴的你求婚，我沒有什麼事情不能答應，儘管我知道我不一定辦得到。」

花前月下，盡是情人們的山盟海誓。為了得到情人的心，人們絞盡腦汁。然而，山還是那座山，海還是那個海，多少許過諾的戀人卻早已決裂！

「我悔不該當初相信他的諾言……」一個叫若蘭的女子哭訴著說。要如何安慰她呢？畢竟，愛情本身沒有錯，在愛情的煎熬下，任何不負責的海誓山盟都可以諒解。

這裡只能給熱戀當中的年輕男女一點提醒：相信對方的理由不應該是對方的甜言蜜語，而是對方的為人。

●啤酒花藤

啤酒花藤是一種藤類植物。它總愛伸出軟綿綿的腰，靠近你。接著，伸出彎彎曲曲的胳臂，摟住你。然後，一出力，就纏繞在你身上了。

瞧，花園裡，那棵剛長出來的啤酒花藤，不就是這麼纏上它身旁的竹子的嗎？

這株啤酒花藤一邊摟住竹子往上爬，一邊在竹子耳邊嘀咕：「快看哪，花園外那棵小橡樹多醜啊！粗粗的，花不像花，真不像樣！它完全比不上你。」

竹子被捧得心中飄飄然的。

啤酒花藤用軟軟的聲音繼續說下去：「像你這樣的身材才叫好看呢——多苗條多挺拔呀！我真想永遠跟你在一起！」

可是，竹子沒能等到長大的那一天，就被啤酒花藤勒死了。

花園的主人把枯死的竹子拔掉，把花園外的小橡樹移進來，補種在竹子留下的坑裡。

小橡樹活了，扎了根，枝條越長越長，葉子越長越茂密。

啤酒花藤從地上爬了起來，又用它軟綿綿的腰貼緊了小橡樹。它等了等，見小橡樹沒說什麼，就伸出彎彎曲曲的手臂摟住小橡樹，用非常非常柔和的聲音說：「哦，你是多麼強壯啊……」小橡樹激動得葉片跳起了舞。

可以預料：小橡樹的結果會是怎樣。

古有明訓：「食色性也。」食慾和色慾是人生兩大慾望，民以食為天，何嘗不是也以色為天，色慾才能令男女傾心相親相愛，才能讓我們繁衍後代。

愛美之心，人皆有之，何況血氣方剛的青年，美女一直是男人們競逐的目標之一。因為爭奪美女，歷史上演了無數血腥的悲劇。在法治社會中，一夫一妻制被視為最公平的制度，如果人人都安於這個制度，麻煩亦少了很多。可是，人性當中有很多偶然性，即是不能以一個配偶為滿足，尤其是男人，更是可以在沒有感情基礎上，和不同的女人發生情愛的關係，只要那個女人在身段、體態、相貌、氣質等方面吸引了他們便可。

因此，男人若欠缺自制的能力，面對誘惑就很難不墜入進去。嫖娼、包二奶，付出大把銀子之外，還要面臨家庭的危機、法律的制裁，又如何潛心於自己的事業？

有些更極端的，是奸人布下美人計的陷阱，進行欺騙和勒索。色慾使人意亂情迷，不能自控，結果是令自己蒙受慘重損失，甚至一場驚魂，不單失財，更嚇得剩下半條人命。

上面說的是男人，但當今是一個男女平等的時代，隨著大批女強人走上時代的舞臺，不少傍富婆的「小白臉」也應運而生，同樣，值得女性們注意。

缺口的碗與墊腳的石

年輕的女人和丈夫離婚了，堅決而俐落，究其緣由卻簡單得讓人瞠目。她說：「我與他結婚五年了，每次吃飯，他都把那個破了邊的碗留給我，我不明白，我為什麼就總得用那個碗呢？」

僅僅是為了一個邊緣有點缺口的碗，就讓她付出如此大的代價，值得嗎？這使人想起一個寓言：一對年輕夫婦去辦離婚手續，經過一條小河，女人過不去。男人說：「待會我們就不是夫妻了，這樣吧，那邊有一塊石頭，我去搬過來，妳踩著過去。」男人搬著石頭蹣跚著回來，女人流了淚，一頭撲進了他的懷裡。

一個破了邊的碗，男人或許感覺不出什麼，女人不僅會認為它不完整，還會衍生許多看似荒誕又不切實際的想法。在她看來，一個男人會將破碗留給她，就能將所有殘缺的、為人所不齒的東西也留給她，最後直至把一個殘缺的破碎的家庭留給她。她會固執地認為，一個連細微之處都不懂得憐惜和關愛自己的男人，怎麼會全身心地給予她真誠而博大的愛呢？

女人總是在意細節，金錢、權勢對她們來說有時真的算不了什麼，她們更多注意的是內在甚至無形的東西。一件吊飾，一束鮮花，一句平淡至極的「我愛你」都能展開女人臉上的笑靨，讓她們感受到無法比擬的欣慰和幸福。女人們是挑剔的專家，喜歡將男人置於自己的眼目之下，從其舉手投足中窺測自己在其心中的地位與份量。這種情形並不因為走入了婚姻而倏然消失，如同鮮花和美麗的服飾一樣，女人將一直追隨其到生命的最後時刻。

女人可以為了一塊墊腳的石頭而不離婚，那麼為了一個破碗離婚也就不新奇了。那豈止是碗，分明是一個男人枯萎僵固的心靈，一個連妻子眼裡閃現的哀怨和感傷都熟視無睹的人，又怎麼能感受到她內心的歡欣與愉悅呢？要知道，女性需要的是那些充滿甜蜜感的、帶有溫馨意味的細節，以便讓她們有足夠的時間和情感來回味這些幸福。

●古烈治效應

有些年輕女性在戀愛心理上有一大困惑：未婚女人多為如何長久保持吸引男性的魅力而煩惱；已婚女士則多因丈夫有可能見異思遷而煩惱。她們都在詢問：對待男性的愛情策略到底是什麼？

相傳古烈治是一位西方國家元首，一日他偕夫人科尼基參觀一家養雞舍，夫人問主人說：「公雞多長時間對母雞盡一次丈夫的職責？」答：「時時盡責，一天十多次。」夫人說：「請轉告總統。」總統聽罷問：「每次都在同一母雞上盡責嗎？」答：「次次更換伴侶。」總統說：「請把結論轉告夫人。」

後來心理學把雄性的見異思遷傾向稱為「古烈治效應」。這一效應在任何哺乳動物身上都被實驗證明了。人為高等動物，不可避免地殘留著這一效應的痕跡。但人有良知、有道德，靠這些東西才使人最終脫離了動物界。

心理學還認為：同一強度的刺激重複呈現，其刺激強度就會呈遞減趨勢。由此推斷：第一次出現在男性面前的迷人女子，比起反覆出現在男性面前的女子更具有魅力。男性有喜新厭舊的傾向也不是什麼人格缺陷，而是有著深刻的生、心理的基礎。那麼女性的情愛策略，則該是當妳發現某個有好感的男士傳來愛的訊息時，不要急於回復，不讓他輕易實現其願望，在男性看來最明智最具魅力的女人，是讓他既感覺得到卻又得不到的女人。

戀愛終究要從相識到結婚，婚後女性神祕的面紗終究要被揭開，當一切反覆呈現後，男人仍可能見異思遷怎麼辦？有幾條至關重要，一是努力保持自己的高尚品德和人格的獨立，就是說外在的軀殼雖不再神祕了，但人的心靈美卻像涓涓細流源遠流長。男子婚後更注意妻子的內在特質，如她的文雅、羞澀、含蓄、溫柔、體貼、通情達理、勤儉、魅力等，如果認為結了婚就萬事大吉，就可以一切都本能化，那她會很快就失去魅力。另外，要保持自己的空間和時間。終日廝守的夫妻有時也需要一些距離感和危機感，「距離感」導致「小別勝新婚」；「危機感」也會導致「越怕失去越會更加小心和珍惜。」男人不是喜歡「新」嗎？那你為什麼不可以千面萬態地吸引著他呢？

●命運之船

一個少婦投河自盡，被正在河中划船的老艄公救上了船。

艄公問：「妳年紀輕輕的，為何尋短見？」

少婦哭訴道：「我結婚兩年，丈夫就遺棄了我，接著孩子又不幸病死。你說，我活著還有什麼樂趣？」

艄公又問：「兩年前妳是怎麼過的？」

少婦說：「那時候我自由自在，無憂無慮。」

「那時妳有丈夫和孩子嗎？」

「沒有。」

「那麼，妳不過是被命運之船送回到了兩年前，現在妳又自由自在，無憂無慮了。」

少婦聽了艄公的話，心中茅塞頓開，便告別艄公，高高興興地跳上了岸。

曾經的愛是那麼刻骨銘心，因此當愛已成為往事，我們年輕的腳步又如何能夠做到從容而又決絕！但其實不妨細想：萬物都有生命，愛情亦難逃脫。所謂的海枯石爛，只是遙不可及的承諾，能讓這份感情保持到彼此生命的結束就不錯了。

「春日遊，杏花吹滿頭。陌上誰家少年，足風流？妾擬將身嫁與，一生休。縱被無情棄，不能羞。」韋莊的這首詞一直讓人心動，每每讀起，一千多年前那個殉身無悔、敢作敢為的女性就鮮活可見。女人能夠這樣豪邁灑脫，就卸掉了脖子上的沉重枷鎖，活得瀟瀟灑灑，活得海闊天空。

流行歌曲唱道：「別管以後將如何結束，至少我們曾經相聚過。不必費心地彼此約束，更不需要言語的承諾。」做到這麼瀟灑固然不易，卻也實在不必悲悲戚戚或者咬牙切齒。

一位女性朋友，她捲入了一場不倫之戀，遲遲不能走出這個其實對她來說已經是苦遠多於甜的沼澤。她說：「我忘不了他曾經給過我的那些浪漫、深刻的愛。」

另一個男朋友出軌多次，儘管痛苦卻始終不願分手的女性則說：「和他在一起這麼多年了，要分手，我不甘心！」

當愛遠走，無論它是發生在自己或者對方身上，放棄和放手都是唯一的出路。因為無法放棄曾經有過的美好感覺，無法放下曾經擁有的執著，就會讓更多不美好的感覺壓在自己的肩上、心上，讓自己和對方一起痛苦糾結，究竟能否懲罰對方也許還是未知數，但是自己絕對是被懲罰最深的一個，因為你剝奪了自己重新開始享受快樂和幸福的可能。

捨得放手讓已無愛的人走，並不是一件很難的事，只不過是周圍的輿論環境、財產的劃分等等可能拴住了你。但這卻是唯一的方法。否則，我們就會處在無解的痛苦、氣憤和沮喪之中。

所謂捨得放手的藝術，並不單只在愛情消逝的時候存在。事實上，當愛情還在的時候，就懂得放手的智慧，往往是更積極的治本的方法。

從小到大，在每一段關係裡，我們都是一方面與人聯結，一方面與自己聯結的雙向路線。也就是說儘管再親密，我們也需要擁有自己的空間。無論是親子關係、家人關係、朋友關係等都是如此，愛情關係當然也不例外。如果失去了這樣的空間，我們很快就會覺得被束縛，覺得窒息，覺得痛苦。

因此，當愛還在的時候，捨得放手，給愛一個空間，就是一件很重要的事情。其實，如果仔細而深入地思考一下，如果我們在愛裡面要求僅僅雙方黏在一起，往往可能是因為害怕、因為缺乏安全感、因為嫉妒、因為要把自己生命的意義和重量交在對方身上等組成的各種原因，而不是因為愛。

捨得放手，給愛以空間，就像著名作家紀伯倫（Gibran Kahlil Gibran）在《先知》（*The Prophet*）中所說的：「在你們的密切結合之中保留些空間吧，好讓天堂的風在你們之間舞蹈。彼此相愛，卻不要使愛成為枷鎖，讓它就像在你們倆靈魂之間自由流動的海水。」

有一個詞叫「全身進退」，意思是指人不論在什麼情況下，都能在付出的時候全心全意地投入進去，在離開的時候毫無牽掛地抽身而去。古人都知道「吾不能學太上之忘情」，這種全身進退的理想狀態，不知道在真正的生活裡有幾個人能做到？

現實的情況是，我們往往在付出的時候不夠徹底，總是有這樣那樣的顧慮，擔心別人的看法，擔心自己的眼光，擔心現實裡的矛盾，甚至是擔心一個無足輕重的細節的完美度。時間一分一秒過去了，百分百的熱情似乎總沒有像內心期待的那樣出現過，它們都被消耗在了各種的顧慮裡。所以到了最後，我們只能矜持地微笑，節制地用情，吝惜地計算。

我們往往也在離開的時候不能瀟灑地掉頭就走，而是一顧三嘆，餘情未了，在決定離開的第一秒鐘裡就開始痛恨或後悔。甚至是在以為自己早已全身而退的時候，卻在一個似曾相識的地方和時刻裡不可阻擋地想起那個人，而後覺得像被殺傷性武器擊中，弄得淚流滿面，心碎難當。

有人說愛的反面其實不是恨，而是淡漠。這真是一句真理。愛一個人的時候，情感都是澎湃的。他關心你，你便想以十倍百倍的愛去關心他；他擁抱你，你便想以更多更有力的擁抱去回應他；哪怕是他犯了什麼錯有了什麼失誤，讓你對他恨得咬牙切齒時，想用盡全力去揍他、打他，但反正無論如何，都絕不是無動於衷地不理他。

除非是愛到殫思竭慮，愛到心灰意冷，愛到徹底絕望，心中已經不再有燦爛的火花，甚至連燃燒過後的草木灰也沒有了一點溫度，這種時候，想不淡漠都難。從此對你形同陌路，對你的一切也不再有任何的回應。沒有餘恨，沒有深情，更沒有心思和氣力再糾纏，所有剩下的，都只是無謂。有一天當發現對於過去的一切你都不再在乎，它們對你都變得無所謂的時候，這段愛肯定也就消失了。

所以，你要知道，恨你，是因為愛你；淡漠你，是因為不想再記起你。

全身進退，意味著在愛的時候，你要用盡百分百的感情，哪怕是爭執，哪怕是吵鬧，你也千萬別不理睬。因為不理不睬意味著淡漠，意味著你的心裡不再有對方的位置，意味著你們不再相愛，哪怕這種淡漠是你假裝的呢！在假裝淡漠的時候，你自己的心一定比他的還要痛百倍千倍，那是因為你依然愛他。

全身而退，意味著在不愛他的時候，你一定要毫不猶豫地放下他，千萬別回頭或是在夜深時分還想著留條簡訊安慰他。你要知道，任何一點不乾脆的情結，都會讓他像一個溺水的人一樣拚命拉住你的衣襟，以為牽住了最後的希望，讓你無法徹底離去，把曾經美好的感情都拖累成厭倦。

第五章　愛情篇

第六章　處世篇

●既然有蜂蜜吃

有一個農夫，他家的田裡長著一棵枝繁葉茂的果樹，果樹的樹幹粗壯有力，可就是一年四季，也不結任何果實，但果樹的樹葉茂盛，在果樹上，長年累月地住著上百隻麻雀和無數的知了。

農夫一見到那棵樹心裡就生氣，因為這棵果樹非但不會帶給他任何的經濟效益，而且為那些偷吃他穀子的的麻雀，和一到夏天就吵得他頭昏腦漲的知了提供了安居的地方。

最後，農夫下決心砍倒那棵樹，把這些壞蛋的巢穴端了。說做就做，他提著一把斧頭，來到了樹的跟前。

「請別砍倒我們的樹！」麻雀紛紛懇求道，「我們在樹上已築了窩，要不然，我們去哪裡哺育我們的孩子呢？」

「請別砍倒我們的樹！」知了也央求道，「我們並沒有傷害任何人，我們只不過是棲息在它的枝頭，放聲歌唱美麗的夏天和炙熱的太陽罷了！」

但農夫不為所動，對麻雀和知了的苦苦哀求一概充耳不聞，舉起斧頭就朝粗壯的樹幹砍去。

豈料，當農夫用斧頭砍了幾下樹幹，由於樹幹十分粗壯，只是微微地顫抖了一下，有一塊很大的樹皮被震落下來。震落樹皮的地方，有一個蜂窩，蜂窩處有一條細縫。由於樹幹的震動，蜂蜜順著樹幹流了出來，散發出誘人的香味。

農夫見了十分驚喜，連忙扔掉手中的斧頭。慶幸沒有將果樹砍倒，因為，既然有蜂蜜吃，又何必再砍倒果樹呢！

由於各自的立場不同，看待問題的觀點也就不同，有時看起來合情合理的理由，反而說服不了人；而那些能讓人動心的決定往往是由於利益的所在。這本是人性的弱點，但卻是最應該被理解的人之常情。

●好話有時比良藥更有效

過去，有一個富翁住在緬甸的仰光，他的脾氣很壞。有一次，他生了病，卻不願求醫看病。

後來，他的朋友請來一個醫師為他看病。

「哼，我才不吃他的藥呢，」富翁說道，「醫師說話聲音太大啦。」

他們又請了另外一個醫師為他看病。這個醫師說話溫文爾雅，可是富翁卻說：「不，我不要他看，他太寒酸了。」

於是他們又請求第三個醫師為他治病。他衣冠楚楚，談吐文雅。

「把酬金拿去，」富翁不滿地說，「我不打算聽你的忠告。你看病太隨便了。」

富翁體溫顯著升高，病情惡化，就此臥床不起，他的朋友急得團團轉，不知該如何是好。

有一天，一位從曼德勒來的醫師到仰光渡假。富翁的好友得知，便前來拜訪他。

「請您救救我們的朋友，行嗎？」他們懇切地說，「他的病很重，他的脾氣很暴躁，又諱疾忌醫。不過，也許由於您舉止文雅，態度和藹可親，他會聽從您的勸告的。」

年輕的醫師穿著最好的衣服，來看富翁。

「親愛的大伯，」他彬彬有禮地說，「您今天感覺好些了嗎？我相信您很快會痊癒的。」

醫師吩咐僕人拿些冰塊，將它敷在病人的額頭上，富翁頓時感到舒服多了。

「您是否願意讓我開點藥給您吃？」

富翁默默點點頭。

年輕的醫師在藥中摻了點蜜水。富翁報以微笑，慢慢地吞服下去了。

好話有時比良藥更有效

「呵，很甜。」他喝完藥深深地吐了一口氣，過沒多久便安靜地進入夢鄉了。

富翁醒來後，感覺好多了，燒也退了。

其他的醫師問年輕的醫師，是怎樣治好這老頭的病。

年輕的醫師笑著說：「好聽的話有時比藥更有效。」

有話好好說，良言更要美美地說。甜美的語音、溫柔的語調、抑揚頓挫的節奏、新穎的語句和生動的比擬等等，是良言的組成部分，讓人由表及裡地感到溫暖如春。真情的激勵、友好的勸說、熱情的讚美、善意的批評和推心置腹的談心，如果改作用富有藝術性的語言說出，就一定能調動對方豐富的聯想和美好的感受，就更能在陶醉人心的同時達到溫暖人心的效果。

雖然雪中送炭是君子，但錦上添花未必就是小人。即使是最優秀、最有成績、最自信的人，也希望得到讚揚、恰當而又中肯的評價和真心的讚賞。這並非是虛榮，而是渴望上進、尋求理解、獲得支持和鼓勵的需要。所以對他們所說的任何真誠、得體、恰當和中肯的話語，都會滋潤他們的心田，甚至使他們心旌蕩漾，從而更有信心地面對未來。

良言一句三冬暖，惡語半句六月寒。讓人六月寒的惡語，常常出自那些自以為是，說話只顧自己痛快、不顧對方的心理需求的人之口。所以要說出使人三冬暖的良言，首先就要滿足對方的心理需求，一般人都有自尊、友善、理解和自我表現等心理需求，說話者無論在什麼情況下，都要充分考慮到對方的這些心理需求，這樣才能打動對方的心。

比如敘舊和懷舊是一般人常有的心理需求，但在不同的時期和不同處境下，不同人的這種需求會呈現出不同的態勢。人在艱苦奮鬥時期，常常需要直率的敘述，而在功成名就之後就希望別人在敘舊的時候美化自己的過去。諸如此類，不一而足。因此敘舊也必須符合對方特定的心理需求，才能使之如沐春風。依此類推，只有抓住對方的心理，才能說出三冬暖的良言。

●他們連繩子也不會做

新的沙皇尼古拉一世登基，立即爆發了一場追求自由人士領導的「叛亂」，叛亂者要求俄國實現現代化——意思是俄國的工業和國內建設必須趕上歐洲的其他國家。

當然尼古拉一世殘忍地鎮壓了這場「叛亂」，同時判處其中一名領袖李列耶夫死刑。行刑的那一天，李列耶夫在被劊子手的一陣擺弄後，絞刑架上的繩索卻意外斷裂了，他猛然摔落在地上。在當時，類似這樣的事件會被當成是天意或上帝恩寵的徵兆，犯人通常會得到赦免。

李列耶夫站起身來，滿身是土。他在確信保住了腦袋後，向著人群大喊：「你們看，他們不懂得如何正確做任何事，甚至連製造繩索也不會。」

一名信使立刻前往宮殿報告絞刑失敗的消息。雖然懊惱於這令人失望的變化，尼古拉一世還是提筆簽署赦免令。

「不過，奇蹟發生之後，李列耶夫有沒有說什麼？」沙皇詢問信使。

「陛下，」信使便回答，「他說在俄國，我們甚至不懂得如何製造繩索。」

「在這種情況下，」沙皇說，「我不得不來證明事實是否真的如此。」於是他撕毀赦免令。

第二天李列耶夫再度被推上絞刑臺。這一次繩索沒有斷裂。

禍從口出，只為一時心裡痛快的一句話，斷送了一條命，如果李列耶夫泉下有知，他將明白他一生中最大的不幸，就是說了「他們連繩子也不會做」這句多餘的話。

現在的年輕人的嘴巴大都十分伶俐，但如果想要用言語征服別人，不要寄希望於滔滔不絕的長篇大論。說得越多，就越有可能說出愚蠢的話，正如俗語所說：言多必失。

科利奧蘭納斯（Coriolanus）是古羅馬時代一名了不起的戰將，他贏了許多重要戰役，屢次拯救羅馬城使之免於殺戮。

由於他大半光陰都消耗在戰場上，羅馬人很少認識他本人，這使得他成為謎一般的傳奇人物。

後來，科利奧蘭納斯打算角逐高層的執政官，拓展名望並進入政治界。

競逐這個職位的候選人必須在選舉初期發表公開演說，科利奧蘭納斯以自己十多年來為羅馬征戰累積下來的無數傷疤作為開場白。雖然群眾中很少有人認真聽接下來的長篇演說，但是他那些傷疤證明了他的勇猛與愛國情操，令人們感動得淚如雨下，幾乎每個人都認定他是當選了。

然而在投票日來臨的前夕，科利奧蘭納斯由所有元老及城內貴族陪同進入會議廳。這時，目睹這種豪華排場的平民對於他在選舉前如此大搖大擺的態度開始感到不安。

果然當科利奧蘭納斯發言時，內容絕大部分是說給那些陪同他前來的富有市民聽的。

他不但傲慢地宣稱注定勝選，又再度吹噓在戰場上的功績，更說了一些討好貴族的無聊笑話，或者無理地指控對手，同時，毫無根據地預計自己會為羅馬帶來財富。

這一次人們仔細傾聽了，原來這名傳奇英雄只不過是個平庸的吹牛大王。科利奧蘭納斯第二次演說的內容迅速傳遍羅馬，於是人們改變了投票意向。

在生活絕大部分的場合中，你說的越少，就越顯深沉、神祕。

請記住：就像潑出去的水，話一旦出口就無法收回。

●別指望別人幫你保守祕密

國王對他手下的臣僕們說了一個祕密，他囑咐他們對任何人都不能說。這個祕密一直在他們中間一年沒人講。可是一年之後，這個祕密還是被說了出去，並且立即大街小巷傳開了。

國王對此很憤怒，決心找出是誰傳出了祕密並處以極刑。然而他怎麼也找不出那個人。憤怒的國王將所有的臣僕抓來，叫劊子手把他們一律斬首，絕不留情面。

其中有一個臣僕說：「國王啊！你別亂殺我們，祕密洩露出去錯不在我們，而全是你的錯誤。這如同洪水氾濫，你可是洪水的源頭，不從你那攔截它，才造成了今天的濁浪滔天。你心中的祕密本來就不應該對人說出，要保守祕密首先要緊閉自己的嘴。祕密只要不說出口就永遠是祕密，一旦說出口那便由不得自己。」

國王聽完後，慚愧不已，當即釋放了所有的臣僕。

如果你不能保守自己心中的祕密，就不要奢望別人會幫你保守祕密。

●狗熊與樵夫

有一天早晨，一位樵夫在獵人的陷阱裡救了一隻小熊，母熊對他感激不盡。

又過了一些日子，樵夫迷路來到熊窩，母熊安排他住宿，還拿豐盛的晚餐款待了他。

翌日清晨，樵夫對母熊說：「你招待得很好，但我唯一不滿意的就是你身上的那股臭味，實在是太難聞了。」

母熊心裡雖怏怏不樂，但嘴上卻說：「作為補償，你用斧頭砍我一下吧。」

樵夫照她的話做了。幾年以後，樵夫又遇到母熊，問她頭上的傷好了沒有。母熊說：「噢，那次傷痛了一陣子，但傷口癒合後，我就忘了；不過，那次您說的話，我一輩子也忘不了。」

心靈的傷害更甚於肉體上的傷害，因為心靈的傷害是對人整個精神的震撼，所以，別忘了小心呵護別人的心靈，因為那同時也是在呵護你自己。

在現實生活中，有人只顧一時的口舌之快，有意無意地對他人造成了傷害，有時一句侮辱性的語言完全可能把多少年深厚的友情葬送。有許多語言的傷害原本可以避免，只要我們學會以尊重他人的方式說話。禮讓並不是人際關係上的怯懦，它會使我們免受無謂的傷害。「良言一句三冬暖，惡語半句六月寒。」一句傷心的話語會讓人一輩子也不會忘，相反，一句恰到好處撫慰人心的話，能夠照亮人的心靈，激發你的潛能，也能讓你看到勇氣和希望。

●哄孩子的話

一隻狼出去找食物，找了半天都沒有收獲，牠偶然經過一戶人家，聽見房中的孩子哭鬧，接著傳來一位老太婆的聲音：「別哭啦，再不聽話，就把你扔出去餵狼吃。」

狼一聽此言，心中大喜，便蹲在不遠的地方等起來。太陽落山了，也沒見老太婆把孩子扔出來。

晚上，狼已經等得不耐煩了，轉到房前想伺機而入，卻又聽老太婆說：「快睡吧，別怕，狼來了，我們就把牠殺死煮了吃。」

狼聽了，嚇得一溜煙跑回老窩。

同伴問牠收獲如何，牠說：「別提了，老太婆說話不算數，害得我餓了一天，不過幸好後來我跑得快。」

別人信口開河，你就信以為真，全然不知許多時候別人只不過是在開玩笑而已。自己一定要有獨立判斷的能力，不要讓別人的話改變了你的正常工作和生活。

一個人除了應該有獨立的判斷能力，還應學會對別人的話進行辨別，要思考其真正的意義。生活中有許多人在遇到問題時往往會退縮不前，什麼事都往壞處想，做起事來過於謹慎。他們十分在意別人的評價，總是先想到不要讓人家在背後指指點點，對自己沒有自信而畏縮不前、憂心忡忡，做事拖拖拉拉。

哄孩子的話

電子書購買

國家圖書館出版品預行編目資料

你不重新看寓言，怎麼知道故事有沒有騙你？小時候讀寓言那叫睡前的床邊故事，現在讀寓言才有活得更好的本事！ / 恩維，肖勝平編著 . -- 第一版 . -- 臺北市：崧燁文化事業有限公司，2023.02
面； 公分
POD 版
ISBN 978-626-332-968-3(平裝)
1.CST: 人生哲學
191.9 111019703

你不重新看寓言，怎麼知道故事有沒有騙你？小時候讀寓言那叫睡前的床邊故事，現在讀寓言才有活得更好的本事！

臉書

編　　著：恩維，肖勝平
發 行 人：黃振庭
出 版 者：崧燁文化事業有限公司
發 行 者：崧燁文化事業有限公司
E-mail：sonbookservice@gmail.com
粉 絲 頁：https://www.facebook.com/sonbookss/
網　　址：https://sonbook.net/
地　　址：台北市中正區重慶南路一段六十一號八樓 815 室
Rm. 815, 8F., No.61, Sec. 1, Chongqing S. Rd., Zhongzheng Dist., Taipei City 100, Taiwan
電　　話：(02) 2370-3310　　傳　　真：(02) 2388-1990
印　　刷：京峯彩色印刷有限公司（京峰數位）
律師顧問：廣華律師事務所 張珮琦律師

定　　價：375 元
發行日期：2023 年 02 月第一版
◎本書以 POD 印製